美 国 内 战 最 后 一 役 · 万 历 明 缅 战 争 · 英 国 入 侵 印 度

战争事典

WAR STORY/ MOOK 041

指文烽火工作室 著

U0103731

台海出版社

图书在版编目（CIP）数据

战争事典 .041, 美国内战最后一役 · 万历明缅战争
· 英国入侵印度 / 指文烽火工作室著 . -- 北京 : 台海
出版社 , 2018.4
　ISBN 978-7-5168-1793-3

　Ⅰ .①战… Ⅱ .①指… Ⅲ .①战争史－史料－世界
Ⅳ .① E19

中国版本图书馆 CIP 数据核字 (2018) 第 044169 号

战争事典 .041，美国内战最后一役 · 万历明缅战争 · 英国入侵印度

著　　者：指文烽火工作室

责任编辑：俞滟荣　　　　　　　　策划制作：指文文化
视觉设计：杨静思　　　　　　　　责任印制：蔡　旭

出版发行：台海出版社
地　　址：北京市东城区景山东街 20 号　　邮政编码：100009
电　　话：010 － 64041652（发行，邮购）
传　　真：010 － 84045799（总编室）
网　　址：www.taimeng.org.cn/thcbs/default.htm
E － mail：thcbs@126.com

经　　销：全国各地新华书店
印　　刷：重庆共创印务有限公司
本书如有破损、缺页、装订错误，请与本社联系调换

开　　本：787mm×1092mm　　　　　1/16
字　　数：202 千　　　　　　　　　印　　张：13
版　　次：2020 年 1 月第 2 版　　　印　　次：2020 年 1 月第 1 次印刷
书　　号：ISBN 978-7-5168-1793-3

定　　价：79.80 元

目 录
CONTENTS

前 言
—— PREFACE ——

　　1865 年春季，美国内战爆发第四年，北方联邦军在格兰特的率领下，对罗伯特·李指挥的北弗吉尼亚军发起了总攻。决定南、北方政府命运的关键一役就此拉开帷幕，双方攻防部署与具体表现，尽在《结束美国内战的最后一役——从彼得斯堡到阿波马托克斯》。

　　洪武二十七年（1394 年），缅甸阿瓦王内附，明太祖朱元璋设缅中宣慰司，缅甸正式归属明朝。然而随着东吁王朝的崛起，缅甸不仅脱离了明朝的控制，还强占了不少云南边地土司辖区，明缅战争由是爆发。《明末西南边界冲突——东吁王朝崛起与万历明缅战争》讲述的便是这场改变了明朝西南边界的战争。

　　18 世纪初，立国两百年的印度莫卧儿帝国统治趋于崩溃，地方省督纷纷割据独立。趁乱扩张势力的英、法东印度公司尝到甜头的同时，双方矛盾不断激化。《英国武装入侵印度之始——卡纳提克战争》一文描述的，正是英法为争夺印度殖民利益而爆发的三次卡纳提克战争，其结果决定了印度的最终归属。

　　1380 年 9 月 8 日，在一个半世纪的"鞑靼桎梏"下变得强大起来的莫斯科，于库利科沃之战中一举打败了踩在罗斯诸国头上的金帐汗国。这场中世纪欧洲史上著名的大会战，虽没有彻底终结蒙古统治，却给了金帐汗国重重一击。《挣脱"鞑靼桎梏"——库利科沃之战》将为您回顾莫斯科历史上的这一重大转折。

指文烽火工作室

2018 年 2 月

结束美国内战的最后一役

从彼得斯堡到阿波马托克斯

作者 / 张宏伟

逆转、僵持与突破

　　1863年夏季，美国内战已经进行到第3个年头，在这个酷热的夏天，北方联邦军终于时来运转，取得了一系列重大胜利。在东部战线，北弗吉尼亚军团在其统帅罗伯特·爱德华·李的率领下，挟钱瑟勒斯维尔大胜的军威，跨过波托马克河，北上宾夕法尼亚州，结果在葛底斯堡与屡战屡败、数易主帅的哀兵波托马克军团遭遇。经过三日恶战，坐拥主场之利的联邦军触底反弹，大获全胜。此役被后世誉为美国内战的转折点，北弗吉尼亚的虎狼之师被打断脊骨，从此再也无力发动战略进攻。但战役结束之后，波托马克军团新任统帅、西班牙裔"老鳄鱼"乔治·米德并未抓住机会，乘胜追击，彻底击垮元气大伤的北弗吉尼亚军团，这令一直希望尽快结束战争、铸剑为犁的林肯总统痛苦不已。而得到喘息机会的罗伯特·李，甚至有闲暇将朗斯特里特及第1军借调到西线。相比之下，西部战线上的尤利西斯·辛普森·格兰特行事相当果决，于7月4日独立日当天，干净利索地拿下了密西西比河上的要塞——维克斯堡，整个邦联被一分为二。从此以后，古老宽阔的密西西比河奔腾无阻，成为联邦军的主要交通干线，正如林肯所说："江河之父将平静地回归大海。"

　　与谨慎小心、偏于迟缓保守的米德相比，在西线战场上屡立奇功的格兰特着实令林肯眼前一亮，遂对其着力提拔。1863年10月，林肯将密西西比河和阿勒格尼斯山脉之间的联邦军队全部交与格兰特指挥。后者不负众望，上任不久便解围查塔努加，邦联军被迫退出田纳西州。田纳西、坎伯兰、俄亥俄三大军团如同三把倚天长剑，直指邦联腹地——佐治亚州。

　　为了协调各条战线的战略指挥，林

▲ 枕戈待旦的联邦军

肯认为很有必要设立联邦军总司令这一职务；而格兰特的异军突起，也让这一职务有了最好不过的人选。1864 年 2 月 29 日，林肯签署了在合众国军队中恢复中将军衔的法案，借此东风，格兰特成为继温菲尔德·斯科特之后，合众国第二位陆军中将。上任联邦军总司令之后，格兰特并未在华盛顿的办公室里遥控指挥，而是把自己的司令部设在波托马克军团指挥部，从而实际上成为该军在战略方面的战地司令官。尽管格兰特恭维米德"和谢尔曼一样，是我接触过的最合适的大军团指挥官"，并一再建议将其提升为常备军少将；但由于米德相对谨慎，不愿意让士兵们在进攻中承受巨大伤亡，因此在某种程度上，他被秉承林肯总统旨意、一心早日结束战争的格兰特架空。这位蓄着粗硬浅褐色胡子、邋里邋遢、貌不惊人的统帅，已经决定要亲手解决联邦最难以对付的敌人——罗伯特·李将军。

新官上任的格兰特本想尽快解决罗伯特·李，结束战争，但身居总司令高位的他很快发现，很多痼疾已超出军事范围。他首先不得不面对的现实，就是军中服 3 年兵役的士兵到 1864 年服役期就满了。尽管通过说服与提升津贴，近半数老兵再度入伍，但经历 3 年接连不断的失败、百炼成钢并终于在葛底斯堡一战功成的波托马克军团，还是流失了大批拥有宝贵作战经验的老兵，并补充了贫民窟的

▼ 美国内战期间的堑壕剖面图

社会渣滓、各国败类、身上打有烙印的囚徒、窃贼、走私犯和无业游民。正如格兰特后来所说："我们用这种方式招来的士兵差不多全都开了小差。根据北部公布的招募新兵数额，我们招来的合格士兵没超过五分之一。"

格兰特面临的第二个难题是友军配合不力。身为联邦军总司令，格兰特已经制定好了一整套作战计划。就东线而言，简单地说就是本杰明·巴特勒与弗朗茨·西格尔将军分别在里士满之南与谢安多洛河谷挺进，来牵制对手；而格兰特将亲自率领波托马克军团完成致命一击。但这二位将军皆为"政治将军"①，军事指挥能力着实欠缺，前者在里士满之南掘壕固守，被少量对手看得死死的，后者干脆在纽马克特遭遇邦联学生兵突袭，兵败如山倒。这导致，格兰特的全面进攻战略从一开始就无法得到完美执行。但格兰特并未对"猪队友"们进行批评，因为他也明白，这些才能平庸的"政治将军"对于年底林肯是否能再次当选总统至关重要。

孤掌难鸣的格兰特只能指挥一支数量庞大，但兵员质量出现"断崖式下滑"的军团，寻找罗伯特·李，主动进行决战。在莽原、斯保契尔维尼亚、冷港等数场战役中，波托马克军团的损失远在对手之上，其战斗力的衰退显而易见。虽说北方联邦家大业大，经得住格兰特折腾，但是每战伤亡数倍于对手，也让舆论一片哗然，格兰特不得不想另想办法。波托马克军团脚踏工兵搭建的浮桥，渡过詹姆斯河，试图绕过罗伯特·李，直插阿波马托克斯南岸的彼得斯堡；不料里士满防御总司令博雷加德眼疾手快，迅速调用一切可用兵力加强彼得斯堡。随着李将军反应过来，率北弗吉尼亚军团撤至彼得斯堡一线，格兰特的6万多联邦军最终于1864年6月18日被4万占领防御阵地的经验丰富的邦联军所阻，东线战局就此形成对峙局面，稳定下来。

在接下来的8个月时间里，彼得斯堡前线已经初具第一次世界大战的景象。士兵们隐藏在长达数英里精心构筑的堑壕、凸角堡、堡垒中，其外围有犬牙交错、纵横密布的铁丝网、栅栏和鹿砦进行掩护。他们对进攻敌人的土方工事极度恐慌，因为尝试进攻的一方必然要承受巨大的伤亡。在两军堑壕之间，则是一片"无人区"。

---

① "政治将军"指的是因政治影响和派系关系被任命的将军。本杰明·巴特勒是民主党激进派的领袖，而弗朗茨·西格尔则在美籍德意志人中有重要影响，通常来说，这些"政治将军"的军事能力都十分糟糕。

▲ 彼得斯堡一带的堑壕。在美国内战后期，南北两军早已不是战争初期"菜鸡互啄"的状态了，此时双方的战争理念已领先于欧洲

总之，双方均已精疲力竭，无力发动进一步的大规模攻击。

正所谓"东方不亮西方亮"，相比东部战线的迟滞不前，谢尔曼接手后的西部战线，进展堪称神速。邦联军本来有老谋深算的约瑟夫·约翰斯顿坐镇田纳西军团，这位老将小心谨慎地与谢尔曼展开机动，虽步步后退至亚特兰大附近，但损失轻微。谢尔曼在正面战场上无法大规模歼灭敌人，后方又被摩根与弗里斯特的骑兵不断骚扰，进退维谷。没想到，邦联政府对约翰斯顿的持久战略的不满终于爆发，总统戴维斯临阵换帅，选择约翰·胡德作为新任田纳西军团主帅。

胡德乃是罗伯特·李帐下一员勇将，在担任师长与军长时表现都很出色。依常理而论，让他指挥一个军团，即使不能完全胜任，也不会差到离谱。但邦联当局破格提拔这位30岁出头的年轻将领，本来就是个显而易见的政治信号，因此上任伊始，胡德便不得不硬着头皮去主动攻击谢尔曼，结果自然可想而知——接连三场惨败。在损失了1.3万人之后，胡德被迫放弃亚特兰大。

在亚特兰大停驻两个月后，谢尔曼于11月15日开始了著名的"向大海进军"。

临走之前，联邦军烧毁了这座城市里一切具有军事价值的东西。城门失火，殃及池鱼，大多数没有军事价值的地方也在熊熊大火中化为灰烬。随后，6 万余名联邦士兵以每天行进 10 英里的速度，从容不迫地向前推进。他们拥有充足的时间，一路大肆破坏，如同凶残野兽的利爪，在南方的心脏地带撕开了一道 50 英里宽的血口。1864 年 12 月 21 日，谢尔曼攻占大西洋重镇萨凡纳，并以他特有的洋洋得意的姿态，打电报给刚刚获得连任的林肯总统说道："请允许我将萨凡纳市以及 150 门重炮、大量弹药和大约 2.5 万包棉花作为圣诞礼物奉献给您。"随后，谢尔曼继续北上，于 1865 年 1 月底穿越南卡罗来纳州，目标直指邦联统治中心——弗吉尼亚。

另一路联邦军则在约翰·斯科菲尔德少将的率领下，自田纳西州通过铁路与水路，抵达北卡罗来纳州的费舍尔堡。这一路联邦军于 1865 年 2 月 22 日占领了威尔明顿，并在 3 月 23 日在戈尔兹伯勒与谢尔曼的部队会师。

最后的"迪克西"

让我们将目光转回东线。截至 1865 年 3 月，保卫彼得斯堡及里士满的北弗吉尼亚军团，其可战之兵不过步兵 44000 人、骑兵与炮兵各 5000 人；另外，驻守里士满的人马还有理查德·尤厄尔中将的 4000 人，以及上岸作战的 400 名邦联陆战队员与水兵。这样满打满算，归李将军指挥的部队共计 58400 人。

尽管与联邦军一样，到 1864 年，大批邦联士兵也已服满 3 年兵役，但根据新修订的兵役法，这些人员须全部再次应征入伍，因此许多士兵是有着 3 年作战经验的老"迪克西"[①]，只有大约 12% 的士兵为刚刚征召的新兵。经过一年的苦战，许多步兵团减员甚多，只余二三百人，尚不足额定满编的 1/3[②]。骑兵和炮兵也好不到哪里去，比如弗吉尼亚第 7 骑兵团，按照编制应有 346 名士兵，结果在 1865 年 1 月 30 日这天只有 106 人在岗。

[①] "迪克西"指的是美国南部各州人民，而他们通常称美国北部人民为"扬基佬"。
[②] 理论上一个步兵团为 10 个连，共计 1000 人。

▲ 邦联士兵，其标配军服为灰色的弗吉尼亚军事学院制服，但由于南方工业落后，无力为所有将士提供军服，因此一些士兵的打扮相比平民，也就多了手中的步枪和身上的子弹盒。由于宽檐帽可以遮风挡雪、阻挡日晒，卷起来又可以当枕头，因此南军青睐这种帽子甚于法式军帽

北弗吉尼亚军团的主力为第1、第2、第3军，其军长分别是詹姆斯·朗斯特里特、约翰·戈登与安布罗斯·希尔，这3个军均编制有少将指挥的3个师，每个师下辖数旅，并配备独立的物资供应、军医、参谋等，师、旅均以现任或前任师长、旅长的名字命名。该军团成立之初，总共编有2个规模很大的军（比联邦的军规模大一倍还多），其军长分别为詹姆斯·朗斯特里特与"石墙"托马斯·杰克逊。第1军在经历了东部战线几乎所有的血战后，被借调到西线田纳西一带救火，随后又马不停蹄地转战东线，参加了莽原战役。此役中，朗斯特里特身受重伤，第1军由理查德·安德森将军接管，接着参加了彼得斯堡的早期战斗。在钱瑟勒斯维尔战役中，第2军军长杰克逊遭到友军误伤，伤重不治，随后由理查德·尤厄尔、胡巴尔·厄利先后接手该军。在厄利兵败谢安多洛河谷之后，约翰·戈登成为新任，也是最后一任军长。由于杰克逊战死，为了使新上任的军长们能够有效指挥军队，李将原来的2个军拆为3个军，缩小了军的规模。体弱多病却又骁勇善战的安布罗斯·希尔成为第3军军长，随着李将军南征北战。1864年年底，朗斯特里特伤

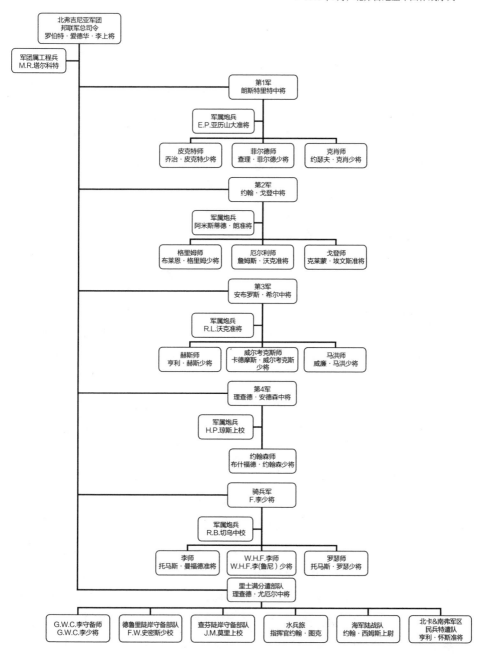

愈归队后，理查德·安德森任新成立的第4军军长，该军下辖的只有约翰森一个师。这几个军均有独立的数个炮兵连作为火力支援。

除4个步兵军外，北弗吉尼亚军团还有一支独立的骑兵军，下辖3个骑兵师及马拉火炮部队。该军由杰布·斯图尔特少将于1862年8月17日建立，是北弗吉尼亚军团的骄傲。在南北战争期间，骑兵的主要任务已不再是顶盔掼甲，高举雪亮的马刀，向敌人步兵阵线发起冲锋或追击逃敌，而是收集有关敌人兵力和动向的情报，同时掩护自己的陆军免受敌军骑兵侦察。斯图尔特将军也因此被称为"李的眼睛"。在葛底斯堡战役中，正是由于斯图尔特迟迟未能归队，李完全处于信息屏蔽状态，最终遭遇惨败。当斯图尔特于1864年5月阵亡于黄旅馆战斗之后，韦德·汉普顿将军接替了他的职务。事实证明，即使在内战后期，邦联的骑兵也保持着强大的战斗力，如亚特兰大战役中，邦联军骑兵指挥官约瑟夫·惠勒把他的骑兵分为3个纵队，出色地击败了敌方骑兵的几次冲锋。

1863年3月，整个北弗吉尼亚军团的部署如下：朗斯特里特的第1军以及马丁·加里的骑兵旅，驻防詹姆斯河以北；理查德·尤厄尔将军率大批民兵、海军、步兵及炮兵等杂七杂八的部队，负责里士满地区的戍卫；詹姆斯河南岸、阿波马托克斯河上游，由马洪师戍守，他们的任务是盯防百慕大洪德半岛上的詹姆斯军团；在彼得斯堡的堑壕里，戈登第2军的堑壕线长达4英里，由彼得斯堡镇东面的阿波马托克斯河岸边，一直延伸到中尉溪；一路继续向西，就是A.P.希尔中将第3军的防区，一直到博伊顿栈道；负责防卫邦联最右翼的，则是安德森的第4军。

北弗吉尼亚军团面临的对手——波托马克军团、詹姆斯军团及谢里登部队在兵力上为其两倍；如若谢尔曼也进入弗吉尼亚，与格兰特取得联系，后果将不堪设想。即使忽略谢尔曼，随着格兰特的部队不断向北弗吉尼亚军团施加压力，罗伯特·李的军队以及里士满的居民将因补给不足而陷于饥馑之中。联邦军队则没有后勤顾虑，他们的轮船沿着詹姆斯河源源不断地将食物、弹药、武器运抵距离彼得斯堡仅仅8英里的锡蒂波因特，此时山穷水尽的南方海军无力对其进行骚扰。

1865年2月8日，李亲笔向邦联战争部长约翰·布雷克林格写信，就当前的危急形势对其提出了警告："如果灾难忽然降临，您一定不要震惊。"这位南北战争期间最为卓越的统帅，已经判断，当前拯救邦联的唯一策略即命北弗吉尼亚军团从彼得斯堡防线撤出，然后与位于北卡罗来纳州的约翰斯顿会师，进行内线作战，先击败来势汹汹的谢尔曼，再掉过头来收拾格兰特。尽管语调温和、仪态举止儒雅，但谁都不可否认，这个须发皆白的老人、新上任的邦联军总司令，血管里流淌着冒险主义精神。在接下来的数周里，他一直在思索如何将其付诸现实。但是连绵不断的冬雨、泥泞的道路，还有瘦弱不堪、无力再战的马骡，让北弗吉尼亚军团不得不继续困守在保卫彼得斯堡与里士满的战壕中。

正当李将军苦苦思索脱身之策时，阵线对面的格兰特将军也认识到里士满的存亡完全取决于彼得斯堡的防御。后者不仅是通往邦联首都里士满的交通枢纽，同时还作为工业城市，为首都提供着必要的工业品。简单地说，一旦北军拿下彼得斯堡，那么里士满也俯首可拾。在回忆录中，格兰特提到："在整个叛乱时期，我最为焦虑的时候，莫过于在彼得斯堡的最后几周，由于忧心邦联军队溜走，因此每天早上我都害怕一觉醒来听到李已离开、只剩下哨兵线的消息。"在3月之前，格兰特便已确认，李把除彼得斯堡急需的防御设备之外的所有物资，沿着里士满—丹维尔一线的铁路向南不断输送。他清楚，李的部队装备更为轻便，行动也远比他的手下迅捷，一旦让李跑了，他那略微笨重的军团将无力追赶，若是让李与约翰斯顿会合，那么战争将很可能再持续一年。

如今，格兰特的春季总攻计划受到两点制约。其一，气温保持在零度以下、雨雪不断的弗吉尼亚寒冬即将过去，天气转暖后路面积雪融化，泥泞不堪，骑兵与炮兵根本无法顺利通过。1865年1月24日，里士满的《每日评论》如此评价道："两军阵前太多泥泞，无法进一步前进。"4天之后，该报又报道："两军当下应做的是防止被冻死，至于军事行动，当在考虑之外。"其二，为了使获胜的把握变得更大，在南军铜墙铁壁面前碰得头破血流的格兰特，已经谨慎了许多，他坚持等到谢里登的部队从谷地返回，两军会合后，方才实施总攻。

截至1865年3月，联邦方面的主力——波托马克军团，共计75939人，包括第2军、第5军、第6军及第9军。第2军与第5军皆是老牌部队，为林肯于1862年授权麦克拉伦建立的波托马克军团中第一批大军，两军现任军长分别为安德鲁·汉弗莱斯少将与格文那尔·沃伦少将。在斯波齐尔韦尼亚战役中，第6军军长约翰·赛德威克鼓励士兵："不要害怕，这么远的距离，他们连一只大象都

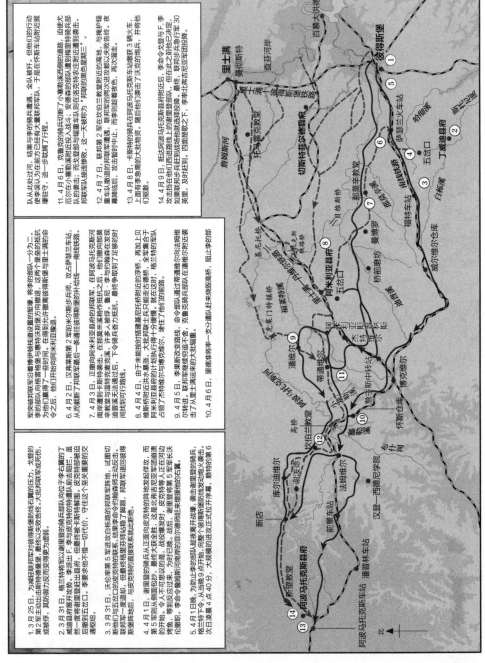

▲ 东线战事总览图（1865年3月25日—4月9日）

1. 3月25日，为减轻联邦军对彼得斯堡防线右翼的压力，戈登的第2军主动出击斯特姆堡垒，最终以失败告终，戈登本人亦受伤战死伤，其动员力应而变得更为虚弱。

2. 3月31日，格兰特将军将部队派往位于丁威迪县府的格兰特候增援，李率反克斯特的骑兵围，虽一度被迫退往丁威迪县府，但随后被迫五岔口。李率这个至关重要的交通枢纽。

3. 3月31日，沃伦率第5军攻白托克的邦联军阵地，试图切断邦联与五岔口的联系并将李赶走。但反克斯特的骑兵在发现邦联军一度退却，与反克斯特的直线联系由此切断。

4. 4月1日，谢里登的部队向正面向克格林阵地发起进攻，而第5军则从侧面出击，最终大获全胜。这是北弗吉尼亚军团崩溃的开始，今人不可思议的是，战役爆发，谢里登的第5军军长沃伦，等到战役结束已晚，战后，谢里登继续坐镇指挥不合，伦斯特，李命令穆岛斯特师向正面阵地进攻北攻起他的右翼。

5. 4月1日，沃伦率第5军攻白托克的邦联军阵地，试图切断邦联与五岔口的联系并将李赶走。

6. 4月2日，汉弗莱率第2军沿水尔斯进军，攻占萨维兰特站，从而截断了邦联克斯特的补给，反克斯特被迫撤离，五岔口一度被被迫退守，守住这个至关重要的交通枢纽。

军突破联邦军沿博德姆林斯德设置的围路防御的联盟，将李的部队一分为二。李的部队从向格里堡垒与慕托斯特堡垒方向撤退，这两个小堡垒的抵抗为他们赢得了一些时间，在黄昏时反克斯特与里士满的交通线被切断。

4月4日，由于未能按时将基兵投往桥附近的河浮桥，再加上只维斯特附近洪水暴涨，大批邦联士兵与谷被迫集合于只维斯特附近正汇合，就在这时，格兰特的军队占领了杰特维尔斯号车桥，挡住了他们的前进路线。

4月5日，李率斯改变路线，命令部队通过蒂普维尔斯向浩姆维尔撤离。最终，联邦骑兵队在蒂普维尔斯附近要击了从八里士满出发的F.李军里，迫时打斯。

4月6日，里德率率一支分遣队从米勒坡占高桥，阻止李部的部队。

7. 4月6日，苏豪尔斯与卡坊斯了小部队追了安德森的部队，安德森率领的部队在洛克斯附近遭遇，迫使安德森放弃，而这部分与反克斯特交汇到拉斯特，邦联克斯特人遭遇惨败，这一天被称为"邦联克斯的黑色星期三"。

8. 4月7日，联邦第2军与邦联军遭遇，在阿米利亚县府附近的高地，与维尔干坦里汇的邦联军投抗，与此同时，他们增向邦联军攻击而失败告终。夜临临临临，攻占暂时停止。

9. 4月8日，卡斯特的联邦兵在阿波马托克斯车站缴获3辆火车，上面有军季资物资，随后他们围攻了邦联的大批兵。

10. 4月9日，抵达阿波马托克斯县府的邦联军投部队，李命令交叉与F.李汇攻击在任何小西进攻邦里邦部队，但在占向他众之天上攻击与他众不攻克斯特兵抵抗阵地就被切断挖缴。最终，联邦骑兵队在浩姆维尔占诺高桥，阻止李部来接继袭堪。

里德率率一支分遣队从米勒坡占高桥，阻止李部的部队。

打不中！"结果很不幸，赛德威克被狙击手击毙，霍洛肖·赖特接替了他的职务。在出色协助谢里登完成谢安多洛谷地战役后，第6军于1864年12月回归波托马克军团阵中。第9军素有"勇士征战四方，忠魂埋骨七州"的美誉，其骨干为支持联邦的南方各州，以及伯恩赛德将军统率的北卡罗来纳远征军。在西部的战斗中，该军先后在肯塔基、田纳西、密西西比等州作战，随后回到东线。在1864年7月30日著名的彼得斯堡爆破战中，矿工出身的联邦士兵挖掘了长达500英尺的地道，在对手阵线下方埋设4吨炸药。一阵天崩地裂的爆炸之后，邦联军的防线上被撕开了一个巨大的"火山口"，第9军趁机杀进去，但由于指挥不力，未能扩大战果，邦联军迅速堵住缺口，并给第9军造成巨大杀伤。战后，伯恩赛德成为该行动的替罪羊而被解职，其职务由约翰·帕克接管，一直到战争结束。

▲ 林肯在锡蒂波因特听取格兰特、谢尔曼及海军中将波特等军中要员对战事的分析。会议结束之后，他便长驻锡蒂波因特，等待捷报

早在战争爆发的 1861 年，罗伯特·帕特森少将就短暂地组建了谢安多洛军团；3 年后，在菲利普·谢里登少将的努力下，该军团再次重建。谢安多洛军团自 1864 年 9 月进入河谷后，足足待了半年之久，他们将河谷破坏得满目疮痍，以至于"在该季节余下的日子里，飞经这里的乌鸦也不得不自带食物"。随后谢里登于 1865 年 3 月 26 日，与格兰特会合于锡蒂波因特。彼时林肯总统也在那里，他与格兰特、谢尔曼等将军在"女河神"号蒸汽船上会面，共同商讨南方投降的诸多事宜。总统接见谢里登后，说："在战争爆发之前，我认为一名骑兵的身高至少得 6 英尺 4 英寸。"这个身高接近 2 米的总统，低头端详着矮小的将军，继续说道："可现在我改变了看法——在紧要关头，5 英尺 4 英寸就可以了。"

谢里登的到来，不仅为格兰特带来了 2 个机动力十足的骑兵师，同时为因长期处于僵局而师老兵疲、暮气沉沉的波托马克军团，带来了久违的朝气。格兰特十分信任和欣赏谢里登，将波托马克军团下辖的克鲁克骑兵师交给他指挥，这样谢里登麾下就有了 3 个骑兵师，其师长分别是德温、克鲁克与卡斯特。在未来的战事中，谢里登经常越过波托马克军团长米德，直接向格兰特进行汇报与请示。

林肯在接见谢里登后，在格兰特、奥德的陪同下检阅了詹姆斯军团。该军团成立于 1864 年 4 月，首任军团长为本杰明·巴特勒少将。詹姆斯军团成立的初衷为夺取彼得斯堡与里士满，但 1864 年 5 月之后，该军团一直在百慕大洪德一带无所事事，蹉跎不前。1864 年 12 月，爱德华·奥德成为新任军团长，随后第 10 军与第 18 军的黑人与白人团队分离：由白人部队组成第 24 军，以昔日率著名的"铁旅"进行征战的约翰·吉本担任军长；而黑人部队则组成第 25 军，军长为高弗雷·韦泽尔少将。该军团眼下共计 27647 人，在闲置已久后，士气依然十分旺盛，他们一心求战，向林肯发出阵阵欢呼。养兵千日，用兵一时，在未来的半个月里，詹姆斯军团终于证明了自己并不逊色于任何一支联邦军队。

外围绞杀

等来谢里登部队的格兰特，将攻击发起的时间定在 1865 年 3 月 27 日深夜。首先，詹姆斯军团的第 24 军福斯特师、第 25 军博尼师和麦肯齐骑兵师将由奥德

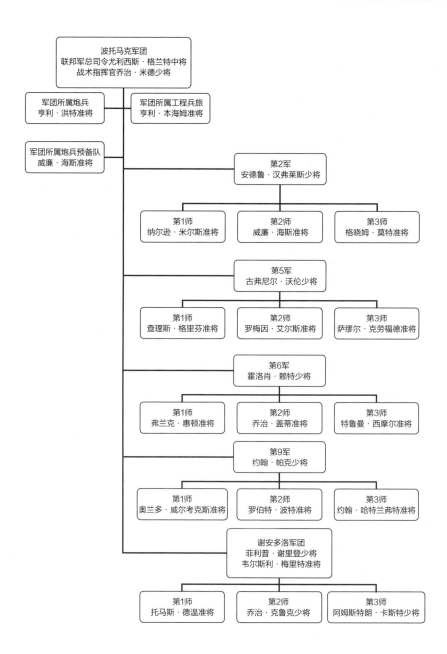

将军亲自指挥，脱离里士满外围阵地，渡过詹姆斯河，行军至彼得斯堡；詹姆斯军团的剩余部队将由韦泽尔统率，继续坚守里士满东南一带的包围圈；而约翰·帕克的第 9 军、霍洛肖·赖特的第 6 军则分别在东南与西南面，继续维持对彼得斯堡的围困。一旦詹姆斯军团抵达彼得斯堡之南，占据先前波托马克军团的堑壕，腾出手来的第 2 军与第 5 军将把阵线进一步向彼得斯堡东南部推进，直至博伊顿栈道的丁威迪县府，最后从邦联军阵线的最右翼向南线铁路方向发动攻势。届时，谢里登的骑兵将协助步兵，切断南线铁路及里士满—丹维尔铁路，一旦这两条邦联军最后的生命线被切断，那么他们面临的选择只有撤退或者投降。

该计划成败的关键，在于奥德的人马能否偷偷溜出里士满的包围圈，沿着邦联军防线的边缘徒步行军 65 公里，且不被南军发现。一旦被发现，李将军势必命里士满南部的朗斯特里特部队回撤，以增援彼得斯堡守军的右翼，从而使战局再一次陷入僵持。

李将军也清楚，眼前的平静只是暂时的。早在 2 月 21 日，李与战争部长布雷克林格沟通后，就已决定将邦联军队逐渐撤出彼得斯堡与里士满，集中于南线铁路与里士满—丹维尔铁路的交汇点——博克维尔，以便南撤与约翰斯顿会合。他强调："这是一个艰难的决定，但是在现在的情况下，必须尝试改变了。"

为防止格兰特迂回他的右侧，必须迫使对方缩短甚至废除其西面战线，为此，李抽出部分兵力支援在北卡罗来纳州的约翰斯顿，并命令戈登少将率第 2 军于 3 月 25 日朝联邦军阵线东侧的斯特德曼堡，发动孤注一掷的进攻。斯特德曼堡暂时被戈登军攻占，但经验丰富的联邦军立即重整队形实施反击。经过 4 小时的激烈战斗，联邦军重新夺回了阵地，并进一步夺取了邦联军的几个前哨阵地。邦联军未达到任何战略目的，反而损失了 4000 多名弥足珍贵的士兵，北弗吉尼亚军团的防线被进一步削弱，距离被联邦军攻破的日子，已屈指可数。

3 月底，彼得斯堡笼罩在大雨中。即使溪流、河渠都灌满了雨水，但暴涨的水位线还是使大水冲出堤岸，把道路变为一片泥沼。沃伦少将在报告中提到：

我们将要展开行动的地段乃是弗吉尼亚常见的森林，很多地方已被沼泽吞没。地表是黏土与沙子的混合物，有点像流沙；冬天过去之后，踏上去又轻又软，马蹄与轮子无能为力。

▲ 在锡蒂波因特，林肯正好赶上戈登对斯特德曼堡的攻击。战后，林肯亲临尸横遍野的战场

　　这种地貌给联邦军的行动带来巨大的不便。即便如此，詹姆斯军团依然在李未能觉察的情况下，从里士满溜入彼得斯堡的堑壕中。24 军军长吉本回忆道：

　　部队从午夜开始行军，走了一整天，终于在 28 日日落前抵达距彼得斯堡 5000 米远的希尔伯特堡，在几乎没有人掉队的情况下，完成了史上最为伟大的行军之一。

　　未能及时发现奥德部队的动向，可能是李整个戎马生涯中最为严重的失误之一。

　　在格兰特的计划中，沃伦的第 5 军首先向西南的丁威迪县府进军，而谢里登的骑兵将穿过丁威迪县府，切断城南铁路及里士满—丹维尔铁路。两军于 3 月 29 日凌晨 3 点，准时展开行动，于中午之前抵达沃恩路和教友路的交汇处。随后，第 5 军沿教友路向北，进至砾石河；谢里登的两个骑兵师，分别由老将德温及悍将克鲁克率领，他们不顾糟糕的路面情况，持续推进，目标直指北方的城南路。

宾夕法尼亚第6骑兵团的一个名叫纽霍尔的参谋回忆道："我们从人到马，都精疲力竭。"下午5点到达丁威迪县府之后，谢里登立即命令部队在周围三个方向布下哨兵线，以防备邦联军队的斥候。与此同时，归属谢里登指挥的另一个骑兵师则在"少年将军"卡斯特的指挥下，在10公里之外负责看护辎重车队。

再说沃伦的第5军。由于砾石河河水暴涨，桥被冲垮了，沃伦的军队不得不在河上搭设两座浮桥，因而耽搁了时间，行军纵队也被拉长。当第5军第1师的约书亚·张伯伦准将率第1旅作为先头部队孤军深入，抵达刘易斯农场附近时，遭到早已埋伏于此的敌军安德森部3个旅的袭击。在激战中，张伯伦的马被击伤，他不得不步行作战。张伯伦一度靠近敌方阵线附近，处境非常危险，多亏他的帽子丢了，一身旧大衣也接近灰色，对手才将他当作邦联军官。见状，他急中生智，装作指挥南军进攻的样子，才化险为夷。随后，张伯伦得到2个团的支援；安德森则不愿恋战，于黄昏前命令邦联军撤退，沿着白栎路搭设胸墙组织防御。就这样，第5军夺占了博伊顿栈道与教友路的交叉口，从而取得夺占五岔口与白栎路的跳板。

3月29日夜，天又下起雨来。纽霍尔回忆道："起初如苏格兰式的迷雾，接着是无常的小雨，最后是倾盆大雨。"格兰特将军最为担心的，依然是李随时会溜走，故而对先前的计划进行了更改，取消了谢里登切断两条要道的命令，转而令他直接占领五岔口，并迂回邦联军右侧。沃伦与汉弗莱斯的部队将为谢里登提供支援。

在阵线对面，3月29日中午，罗伯特·李向邦联战争部发送紧急电报："敌人的步、骑、炮混合部队，已于今天上午越过了哈彻溪，今晚即可抵达丁威迪县府。"他猜测联邦军队将会从丁威迪县府进至五岔口，从侧翼包抄邦联军阵线，便将邦联军防线向西延伸6000米，同时抽调精锐人马组建一支机动部队，前去解围。这支被罗伯特·李寄予厚望的机动部队的指挥官，就是乔治·皮克特少将。

这位留着一头油腻卷发、喜好香水的弗吉尼亚人，时年40岁。在西点军校求学时，其成绩为班上最后一名，但谁都想不到这个"学渣"会在墨西哥战争中成功逆袭：在查普尔特佩克要塞战役中，学长朗斯特里特中尉任命皮克特为旗手，而他不负众望，高举军旗第一个登上城墙，并将它插在要塞顶层。南北战争爆发后，皮克特一直在朗斯特里特手下效力，开朗乐观、好开玩笑的性格令他颇受欢迎。在葛底斯堡之战的第3天，李强令以他的师为主力，发动悲壮的"皮克特冲锋"，结果手下三个旅长二死一伤。在负责南、北卡罗来纳地方部队时，皮克特再次闯祸：他在纽伯恩杀掉了籍贯为北卡罗来纳州的 22 名联邦军战俘，当地舆论一片哗然。总之，这位少将勇猛有余，智谋不足，靠谱程度相当有限，李指派他当此重任，也纯属"蜀中无大将，廖化作先锋"的无奈之举。皮克特师渡过阿波马托克斯河，搭乘火车沿着南线铁路来到萨瑟兰车站。刚下火车，该师便顶风冒雨在 3 月 30 日破晓之前，搭建好胸墙，挖好散兵坑。

除了派出皮克特师之外，李还派出威尔考克斯师的麦克格文率南卡罗来纳旅西进，占领哈彻溪的布吉斯磨坊。由于兵力不足，威尔考克斯师的其他 2 个旅不得不承担 3 个旅的防御宽度，结果这一带的阵线变得非常薄弱，其可怕后果将在联邦军总攻之日显现。

3 月 30 日，雨继续下。李正与手下诸将开会时，侄子 F. 李①的信使突然赶到，报告谢里登的骑兵已经前至五岔口。由于骑兵指挥官韦德·汉普顿已经赶往北卡罗来纳协助约翰斯顿，所以李任命 F. 李统领骑兵部队，并要求他立即将北方骑兵驱逐出五岔口。与此同时，李要求皮克特的部队继续前进，赶往五岔口，在安德森的配合下，从左侧攻击联邦军队。皮克特师强忍着大雨、烂泥与饥饿，行军 18 小时抵达五岔口。皮克特与 F. 李碰头之后，二人决定暂时派侦察部队骚扰对手，等到次日清晨再继续向丁威迪推进。

联邦汉弗莱斯第 2 军，于 3 月 29 日清晨 6 点钟之后趟过哈彻溪，向老人路挺进，最终于傍晚遭遇依托胸墙工事防守的敌军。他们艰难地穿过铁丝网与被伐倒的树木，将敌人赶回了他们匆忙布设的工事之中。到夜里，第 2 军也在哈彻溪边的鸦房至博伊顿栈道边的达布尼磨坊一带搭设了临时胸墙工事。沃伦第 5 军中的艾尔斯第 2 师在 30 日早晨，每人携带 3 天口粮，向白栎路前进。行军途中，他们除了遭遇一些前哨战与偶尔的炮击外，没有发生其他交火。30 日晚上，沃伦接到命令：由于艾尔斯的左翼极易受到敌人袭击，特令他的第 1 师与第 3 师立即向其靠拢。

---

① 在阿波马托克斯战役中，李家族中的三个年轻人，包括眼下在里士满的长子乔治·华盛顿·卡斯廷斯·李（G. W. C. 李），以及同在骑兵部队的侄子 F. 李与绰号为"鲁尼"的次子 W. H. F. 李，均为国出征。

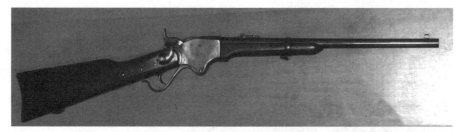

▲ 联邦军的制胜王牌——斯宾塞连发枪，其后置管状弹仓位于步枪的枪托中，可装入7发子弹。斯宾塞步枪采用了活动式供弹管，弹药耗尽时，士兵只需要将弹仓拉出枪托，然后塞入一个新的弹仓即可继续射击

　　31 日中午，雨终于停了。大约两个小时之前，皮克特率领他的步兵师从白栎路出发，沿着斯科特路，向丁威迪县政府行进；而托马斯·罗瑟少将与李将军的儿子"鲁尼"少将的两个骑兵师则自菲茨格拉德浅滩渡过沼泽。由于事先得到斥候的警报，谢里登派出戴维斯与史密斯的两个骑兵旅前去阻挡皮克特的迂回。皮克特的两个先头旅——特里旅与柯西旅击退了戴维斯旅，而第 1 骑兵师（指挥官托马斯·德温准将）的斯塔格和菲茨休两个骑兵旅则被曼福德的弗吉尼亚骑兵击退到五岔口。谢里登继续调兵遣将，派出吉布斯与格雷格的骑兵旅从侧后方袭击皮克特的步兵，这让皮克特不得不停止向左攻击联邦步兵，而向南转向县府。不久，史密斯的骑兵旅试图阻止"鲁尼"与罗瑟的骑兵从菲茨格拉德浅滩渡过沼泽，但是其侧翼遭到皮克特步兵的袭击。就这样，谢里登派出的 4 个骑兵旅，均不得不向县政府方向撤退。

　　谢里登见战局被动，便命令其帐下王牌、年仅 26 岁的骁将卡斯特在留下 1 个旅执行护卫辎重车队的任务后，率另外 2 个旅及 4 门线膛炮赶来增援。31 日下午 5 点半，卡斯特抵达县府北侧半英里处。激战许久的骑兵们终于等来了援军，看到这位系着红领巾、穿着鹿皮裤、身材修长的少年将军的潇洒身影，战场的气氛立即被引爆。卡斯特让卡普哈特（卡斯特手下一个旅长）的部下高唱《欢呼吧，哥伦比亚》与其他爱国歌曲，这些疲惫不堪的大兵们倍受鼓舞，士气大振。

　　当邦联军的步骑混合部队逐渐逼近他们的防线时，谢里登与卡斯特率领参谋们冒着敌人狙击手的子弹，骑马检阅将士，在他们身边，团旗与联邦国旗迎风飞舞，这些下马依托工事投入战斗的骑兵们再一次向他们的指挥官欢呼。随后，联邦的线膛炮开始发出怒吼。谢里登等联邦骑兵将领清楚，北方数月突击训练速成的骑手，在骑术上无法与从小长于马背上的南方人相媲美，于是自战争伊始他们就从武器装备着手，努力提高北方骑兵的战斗力。如今，他们手里拿的是斯宾塞7连发卡宾枪，射速很快，可在阵地前编织出猛烈的火力网，令手持斯普林菲尔德前装枪的邦联步兵难以还击。即使发起数次进攻，邦联军始终无法将谢里登赶回丁威迪县府。相反，卡斯特趁着天色逐渐变暗，带着骑兵进行反击，杀伤了不少邦联军，不过卡斯特部自己也耗尽了最后一丝精力。低垂的夜空之下，双方只能枕戈待旦，相距不足百米展开对峙。从战术上讲，邦联取得了一定优势，但是在战略上，其战果微乎其微。皮克特虽然阻止了谢里登靠近南线铁路，但之前200多天固守于彼得斯堡城下的邦联军终于被引诱出来，正如谢里登将军在战后点评道：

皮克特的部队比我部处境更危险，我军未与波托马克军团失去联系，但他与李的大军的联系被切断了，我不会允许他们中的任何一人回到李的军中。我们最终会把敌人的步兵从工事里引出来，而这就是我们进攻的时机。

当谢里登与皮克特进行厮杀时，沃伦的第5军在丁威迪县府以北遭遇了邦联军第4军的约翰森师。如若白栎路被联邦军截断，那邦联军增援五岔口的皮克特军的处境将变得尤为困难。3月31日上午10点，以克劳福德第3师为掩护、格里芬第1师为后备，艾尔斯第2师呈一字长蛇沿一条狭窄的林地小路挺进。小路两边皆是洪水淹没沟壑而形成的沼泽，一路上不断有邦联的散兵朝艾尔斯师开火，但很快他们就逃回了树丛中。联邦军不知

▲ 一名联邦军士兵的全套装备，尽管大多数时候其单兵战斗力不及南方人，但是"扬基佬"的装备始终不错

道，当天早上，罗伯特·李与安德森碰了面，他认为在沃伦第5军与谢里登部队之间存在一个可以利用的间隙，于是抽调了约翰森师的4个旅，试图利用这一间隙，在两军会合之前给予联邦军沉重打击。李对此次反击颇为重视，亲自在后方督战。

根据艾尔斯的回忆，他的部队行至距离白桦路50码的地方即停下来修建胸墙。正在此时，穿着灰色军服的4个邦联旅一边发出野兽般的"叛嚎"[①]声，一边从树林里杀了出来。麦克格文手下的南卡罗来纳人快速从左翼包抄了艾尔斯师的斯坦顿第2旅，手中步枪齐射，将身着蓝衣的马里兰人纷纷击倒。在邦联军的突然袭击之下，拥有5000人的艾尔斯师惊慌失措，士兵争先恐后地逃跑，扰乱了其后方仍试图稳固阵线的克劳福德第3师。第3师腹背受敌之下，几乎被分割包围。据该师第1旅旅长凯洛格上校回忆，该旅也近乎溃败，只不过由于其后方已经被邦联军包抄，万般无奈之下，士兵们只能转过身来坚持战斗。位于最后方，目睹这两个师乱成一团的格里芬立即命令约瑟夫·巴特勒的第3旅就地搭设工事，这样溃逃下来的联邦军队至少可以有一个喘口气的地方。邦联约翰森的部队毕竟远少于对手，在遭到隐藏于胸墙之后的联邦士兵发起的反击后，不得不停了下来。

得知沃伦军遭到重创，米德立即命令汉弗莱斯率第2军前去增援。在5军的张伯伦第1旅的佯攻之下，第2军米尔斯师的两个旅从侧翼对约翰森的部队实施了攻击。在后方观战的李不敢恋战，迅速下令约翰森撤回彼得斯堡防线中。就这样，张伯伦的部队顺利占领了白桦路。事后张伯伦回忆道：

（我吼道）"伙计们，快一点！冲上去！"凶猛的纽约第185团从右侧冲入敌阵，似乎要将敌人淹没；而拥有14个步兵连，其中半数为老兵的宾夕法尼亚第198团则从正面冲向胡顿旅。短短几分钟内，我们犹如翻腾的水流一般，冲过了工事，跨越了白桦路，从右侧将敌人赶回到了他们沿着克莱伯恩路预先设置的工事之中。至此，弟兄们方才喘上口气。

---

① 邦联军发出的"叛嚎"声出处不明，有人说是源于猎狐者的喊声，也有人把它比为呼唤猪猡的声音，据说是一种可怕的声音。这种可怕啸声所起的作用和北军士兵在战斗中发出的低声呼喊一样——使紧张的神经得以松弛，并在同伴间产生一种团结和力量感。

此役，邦联军打得很漂亮，以800人的损失造成对手伤亡1800余人，但于事无补。随着张伯伦占领白栎路，李与五岔口皮克特的联系被彻底切断。

格兰特决定，在攻打彼得斯堡防线前，先解决掉皮克特这支孤军，这一任务被交给了谢里登将军。但谢里登清楚，依靠他手上的几个骑兵师很难在阵地战中与皮克特的步兵相抗衡，因此希望得到赖特第6军的增援[①]。不过，格兰特指出，第6军肩负艰巨的防御任务，目前能交给他的只有第5军。因此，尽管沃伦第5军在白栎路损失惨重，但稍事休息之后，格兰特就于3月31日晚命令艾尔斯第2师沿着博伊顿栈道行军，与谢里登会合。然而，由于砾石溪水位上涨，该师不得不架设浮桥过河，直到4月1日破晓方才抵达目的地。随后，克劳福德师与格里芬师穿越丛林，也抵达了丁威迪县府以北的谢里登驻地。

皮克特从抓获的联邦军哨兵口中得知，对手即将出现在他的后方及左侧。他从一个师长的角度分析，五岔口一马平川、无险可守，因此希望撤过哈彻溪，沿溪北岸搭建新的防线。但是罗伯特·李作为全军统帅，十分清楚五岔口为白栎路、斥候路、教堂路、丁威迪路等诸多道路的交汇之处，其位置至关重要，他得知皮克特要撤退后焦急万分，给皮克特发电报道：

一定要不惜一切代价守住五岔口，这样我们能够保住通往后勤仓库的补给线，同时也可以防止联邦军袭击南线铁路。我为你历经苦战依然无力守住胜果、被迫撤出丁威迪县府而感到惋惜不已。

4月1日一大早，皮克特的士兵们就躲在了肮脏不堪的木胸墙之后，这段胸墙沿白栎路以北搭设，长达2800米。曼福德的骑兵部队，被置于邦联军阵线最左翼，即砾石溪与白栎路交汇处周边的教堂附近；同样位于左翼的是安德森第4军的朗森北卡罗来纳旅，其身边是1个炮兵连、4门火炮；朗森旅的西侧，是来自第4军的华莱士南卡旅；皮克特的弗吉尼亚士兵就地挖散兵坑，搭设胸墙，负责扼守五岔口；穿过教堂路，布置着佩格拉姆的炮兵连及3门火炮，为第3军拨调；在

---

① 在1864年的谷地战役中，谢里登与赖特有过配合，彼此相当默契。

五岔口左侧的是第 1 军戈登师的特里旅，他们同样来自弗吉尼亚，由于特里在刚刚结束的战斗中因战马被打死而摔成了残废，所以由约瑟夫·马约上校代为指挥；沿着阵线向左，为佩格拉姆炮兵连的另外 3 门火炮，以及皮克特师的柯西旅；在整个阵线最右边，即最西侧，是"鲁尼"李的两个骑兵旅。

　　年轻的罗瑟将军大概觉得他们已经做好应对联邦军进攻的一切准备，大可高枕无忧，便得意扬扬地告诉长官们，他钓到一条大鲥鱼，并邀请他们一起烤鱼。于是皮克特与 F. 李、罗瑟等人在没有告知其他人去向或指定代理指挥的情况下，骑马来到哈彻溪边，架起篝火烤鱼。由于浓密的树林产生了声影区[①]效应，在接下来的战斗中，他们未听到枪炮声，等到副官找到他们时，一切都太晚了。

▲ 五岔口之战。事实上，邦联军的军服没有画上那样整齐划一

---

　　① 声影区是指由于障碍物或折射关系，声线不能到达的区域，即几乎没有声音的区域。

根据谢里登的作战计划，卡斯特师的大部分士兵将佯攻邦联军正面；而沃伦第5军的步兵将从邦联军阵线的左翼展开侧面攻击；待沃伦的攻势取得进展后，德温师与卡斯特师部分人马将从正面发起全面进攻；第25军的麦肯齐骑兵师则越过哈彻溪，占领通往五岔口的教堂路，切断皮克特北撤的路线；克鲁克骑兵师在丁威迪战斗中损失惨重，故此次负责殿后。

　　就在谢里登焦急地等待沃伦的步兵就位时，他收到了格兰特中将的一封信。原来格兰特对沃伦3月31日白栎路的战斗表现相当不满，在他看来，倘若沃伦一次性将3个师投入战斗，而不是保留预备队，联邦军本可取得辉煌大胜；而且正是沃伦的迟缓使皮克特从容地撤出了丁威迪县府，并沿着白栎路构筑了坚固防线。格兰特表示，如果由一位师长接替沃伦进行指挥，久经战阵的第5军可以表现得更为出色。因此，格兰特授权谢里登临阵解除沃伦的职务，并命其马上前往司令部报道。

　　沃伦正忙于安排攻击阵形，对格兰特的人事安排一无所知。他将全军1.2万人排布于砾石溪教堂路的两侧，距离邦联军的左翼大约1200米。在教堂西侧的，是艾尔斯第2师；在教堂东侧稍微靠前方位置的，是克劳福德第3师；格里芬的第1师则位于克劳福德师的右后方。3个师将呈梯队沿着砾石溪教堂路北上，抵达该路与白橡树路的十字路口后，全军左转，从垂直方向攻击躲在工事中的邦联军。

　　4月1日下午4点，一切就绪。沃伦一声令下，第5军轻快地趟过砾石溪的滩涂，穿过山边的树丛，迅速抵达一片开阔地。没过多久，他们距离白栎路已不足200米了。麦肯齐在完成任务后，也命令大部分骑兵加入了他们。但是，由于侦察与地图皆不准确，第5军打击的"垂线"与邦联军阵线末端的距离，足足有1200米。艾尔斯师按照计划左转，沿着白栎路推进；但是克劳福德师却偏离得厉害，他们向西北转动，越过树丛，直指邦联军阵线后方；格里芬师则根据命令，紧随克劳福德师。格里芬师长发现联邦军阵线出现巨大缝隙后，及时做出调整，让他的师行军至其余二师中间。这时沃伦也发现了问题，带领一名副官找到克劳福德，命令该部左倾，向艾尔斯师靠拢。下午4点半，艾尔斯师最早与敌军工事侧端交火，谢里登将军当时与艾尔斯在一起，他亲自指挥了这场"垂直打击"。听到西侧传来剧烈的枪响后，在邦联军阵线正前方的德温师发起了进攻。由于邦联军阵前的地表既湿又软，他们不得不下马冲锋，用斯宾塞卡宾枪向邦联军发起攻击。

谢里登亲自骑着战马，率领参谋们鼓舞第5军的将士发起冲锋，在他身边，不断有人中弹：高举军旗的旗手中弹栽下马来，一名参谋受伤，两名参谋的战马被打死。这时，一名士兵脖子被击中倒地，大呼道："我要不行了。"谢里登对他吼道："你伤得不重，拿起枪来，向右边冲！"这名士兵听后站起身继续冲锋，结果行至几十米外猝然倒地身亡。在他们面前，首当其冲的是第24北卡罗来纳团，后者稍事抵抗便向后撤到了朗森旅另一个团的阵地上。朗森要求支援，但师长皮克特不在，谁也无权调动防御部署。北卡罗来纳第49团的劳拉克中尉回忆道：

我们剩余的弟兄排成两行阵列与之战斗，他们已经渗入我们的阵线，并不断向前冲。首先溃败的是第24与第25团，接下来是他们侧后方的第56团，然后，就是我们了。

华莱士的南卡罗来纳旅及斯特赖特旅的第38弗吉尼亚团试图构建新的防线，阻止第5军的攻势，但是徒劳无功。在进行激烈的抵抗后，他们也慌乱地向教堂路及五岔口逃窜。

▲ 谢里登鼓舞联邦士兵发起冲锋

▲ 联邦军部分军官照片。第一排左起依次为：联邦军总司令尤利西斯·格兰特中将、波托马克军团司令乔治·米德少将、詹姆斯军团司令爱德华·奥德少将、谢安多洛军团司令菲利普·谢里登少将。

第二排为波托马克军团诸军长，左起依次为：第2军军长汉弗莱斯少将、第5军军长沃伦少将、第6军军长赖特少将、第9军军长帕克少将。

第三排左起依次为：第24军军长吉本少将、第25军军长韦泽尔少将、主持最后受降仪式的张伯伦准将、接替沃伦担任第5军军长的格里芬准将。

第四排为谢里登的骑兵将领，左起依次为：骑兵军团指挥官梅里特准将及其手下3个师长——德温准将、克鲁克准将、卡斯特准将。

收到消息的皮克特策马扬鞭，沿着教堂路向五岔口疾驰，并幸运地躲开了埋伏在树丛中的联邦狙击手，但回到阵中的他，发现自己的军队已几乎被四面包围。皮克特试图挽回局势，他命令约瑟夫·马约横跨教堂路布置防线，阻挡克劳福德师，但克劳福德的步兵势不可挡，驱散或俘虏了马约的大多数弗吉尼亚士兵。最后崩溃的邦联部队，是柯西步兵旅。夕阳西垂，皮克特的部队全面崩溃，士兵们纷纷投降或从林间小路逃命。乔治·卡斯特派出2个骑兵旅，试图掐断他们的逃跑路线，但遭到狗急跳墙的部分南军步兵以及"鲁尼"骑兵的反抗。混乱之中，很多之前缴械的南军战俘趁机溜走。

对联邦军来说，沃伦遭到解职让这场大胜蒙上了阴影。尽管沃伦行动不利的客观因素很多，如泥泞不堪的土地、杂乱的灌木丛以及不准确的地图，但是谢里登还是借机将沃伦撤职，以第1师师长格里芬替代他。战争结束后，沃伦为表示抗议，立即以志愿军少将身份退役，其在部队的永久军衔为工程兵上校。随后，他数次要求恢复名誉，但直到格兰特总统于1877年离职，海斯总统继任后，方于1879年组织调查法庭。通过调查发现，谢里登将其撤职的理由并不充分，但可惜的是，直到1882年沃伦去世，这份正式的调查报告还未公布于世。

而对邦联军来说，五岔口之败乃是整个北弗吉尼亚军团土崩瓦解的开始。从3月30日到4月1日的3天时间里，北弗吉尼亚军团伤、亡、被俘的人数多达7000人。甚至对彼得斯堡与里士满至关重要的南线铁路，联邦军也俯首可拾。在皮克特兵败五岔口之前，李便有意识地加强了右翼阵线的防御，但是从阿波马托克斯河到哈彻溪的漫长地段之间，只有11000名士兵把守；而中尉溪到克莱伯恩路之间，也不过12500人，这些人还包括把守战略要地博伊顿栈道末端的布吉斯磨坊的部队。平均来算，每隔3米才有1名邦联士兵，有的地段甚至连这个密度都无法达到。

为了尽量弥补损失，李派出第4军的约翰森师前去接应皮克特，同时命令在百慕大洪德的马洪师抽调1个旅、詹姆斯河北岸的朗斯特里特第1军抽调菲尔德步兵师赶来增援彼得斯堡，并且格外叮嘱，让他们的军长詹姆斯·朗斯特里特中将也一起过来。

朗斯特里特时年44岁，是南卡罗来纳人，曾追随李将军参加了东线的历次战役，深为李将军倚重。在葛底斯堡战役中，他同李就是否应主动进攻敌军严防死

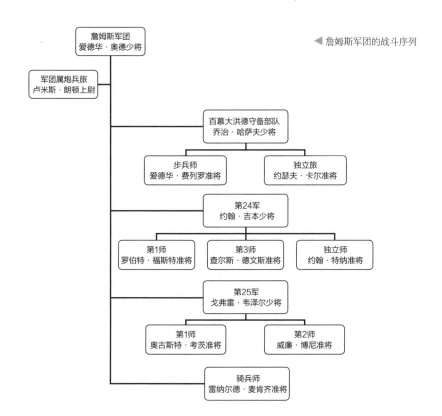

詹姆斯军团
爱德华·奥德少将

军团属炮兵旅
卢米斯·朗顿上尉

百慕大洪德守备部队
乔治·哈萨夫少将

步兵师
爱德华·费列罗准将

独立旅
约瑟夫·卡尔准将

第24军
约翰·吉本少将

第1师
罗伯特·福斯特准将

第3师
查尔斯·德文斯准将

独立师
约翰·特纳准将

第25军
戈弗雷·韦泽尔少将

第1师
奥古斯特·考茨准将

第2师
威廉·博尼准将

骑兵师
雷纳尔德·麦肯齐准将

守的高地而激烈争吵，结果证明朗斯特里特是正确的。他虽不善言辞，但思维敏锐，聪明善战，精通攻防战术，被后世的历史学家认为是整个南北战争期间最为出色的军长。不过在西线的诺斯维尔战役中，他的迟缓表现证明，相比独当一面领军出征，他更适合担任李的副手。李称呼朗斯特里特为"老杰克"或"我的老战马"，随着皮克特溃败、五岔口失守，这位孤独的老人或许也意识到这可能是他的最后一场战斗，因此他呼唤"老杰克"回来，陪在他身边。

随着菲尔德师被调走，詹姆斯河北部一线仅仅有克肖的步兵师及加里的骑兵旅，首都里士满的防卫顿时亮起红灯。所有的当地武装，甚至包括弗吉尼亚军事学院的学生都被组织起来，划归尤厄尔指挥，戍守里士满南面工事。邦联军最右侧阵线的安危取决于菲尔德能否尽快赶到彼得斯堡，在联邦军展开总攻之前进入阵地，但士兵仅仅依靠铁路南运，增援的进度十分缓慢。

攻陷彼得斯堡防线

格兰特在五岔口战斗当日晚上 9 点收到捷报后，喜中有忧，他担心李会趁着谢里登胜利时疏于防备，对其进行夜袭，便命令联邦军的全体炮兵部队自晚上 10 点开始，对敌人阵线展开持续不断的炮火轰击，为总攻做好火力准备。与此同时，联邦军趁着夜幕，在敌军哨兵线外 500 多米的地方集结部队。

4 月 2 日凌晨 4 点，帕克的第 9 军从马洪堡出发，率先向彼得斯堡东面进攻。截至清晨 6 点 50 分，第 9 军已经夺取 2 座堡垒、2 个炮台以及 12 门火炮，但随后便陷入僵局。上午 11 点，邦联军格里姆师试图反击，夺回火炮，但被帕克击退，之后他立即向米德发出紧急电报，要求增援，米德派出了第 6 军的西摩尔师。下午 1 点，邦联军第二次反扑，交战中罗伯特·波特准将负伤。下午 3 点，戈登进行了最后的挣扎，将马洪堡附近的联邦军打退，但正当他试图重新夺回马洪堡时，从锡蒂波因特赶到的联邦克里斯独立旅及时将其遏止。不久后，戈登接到命令：部队停止反击，赶回彼得斯堡。戈登遂准备撤退。

再来说担任主攻的赖特第 6 军。他们在集结时不断遭到邦联哨兵的射击，盖蒂

▲ 联邦第9军攻击马洪堡

师第 2 旅旅长格兰特·刘易斯准将头部中了一枪，不得不由他人代替指挥。为了尽量减少对手的注意，士兵们奉命把武器放在地上，不得还击，他们排好攻击队形后，足足等了 4 个小时才发起攻击。4 月 2 日凌晨 4 点 40 分，几枚白色信号弹从费舍尔堡升起，随后第 6 军共计 1.4 万人，以盖蒂第 2 师居中，其左为西摩尔第 3 师，其右为惠顿第 1 师，排成长达 1.6 英里的波浪阵形，开始对防御博伊顿栈道一线的敌人展开攻击。联邦工兵手持大斧，在身穿墨绿色军装、使用斯宾塞连发枪的马萨诸塞神枪手的掩护下，奋力斩断鹿角、栅栏与铁丝网，很快冲破警戒线，直抵邦联军的防御堑壕。负责此处防御的是邦联军威尔考克斯师，它已经被抽调了 1 个旅，所以这一区域的防御十分薄弱。来自佛蒙特第 5 团的列兵查尔斯·古尔德第一个杀入堑壕中，也自然而然地成为敌人的重点打击对象。经过血腥的肉搏战后，古尔德被刺伤三次，仅头上就受伤两处，但他依然屹立不倒，并用刺刀捅死对手，最终被跟上来的战友救走。战后古尔德荣获荣誉勋章。

经过 20 分钟惨烈的血肉相搏，联邦军的步兵们突破了防线，将整个防御彼得斯堡的邦联军一切为二。战后，在此地防守的北卡罗来纳旅莱恩准将回忆道：

在敌人强大的攻势下，麦克格文将军指挥部附近的北卡罗纳第 37 团阵线右侧被击穿，其左侧的北卡罗来纳第 28 团也随之逃亡栈道。随后，敌人追了上来，将我们的士兵一直驱赶到考克斯路那里。

在总攻开始之前，军团长米德并未对第 6 军突破阵线后的行动做明确指示，而是模糊地说视友军进展而定。因此，突破防线后，赖特对分散作战的部队进行简单整顿，随后便于上午 7 点 45 分左右，以主力向西南方向席卷位于哈彻溪北岸的邦联赫斯师。他们将赫斯部驱逐到北面的萨瑟兰车站。第 6 军其余部队在夺取博伊顿栈道之后，东转进攻威尔考克斯师的佐治亚旅，后者与莱恩旅的溃兵掺杂在一起，一部向彼得斯堡防线最西端的格雷格堡与惠特沃斯堡逃窜，一部龟缩在了内部防线，即"迪穆克防线"[①]负隅顽抗。

在迪穆克防线西边，艾基山上的特恩布尔宅是李将军的司令部。4 月 2 日凌晨

---

① 该防线以督建的军需官迪穆克上校得名，位于外围堡垒内侧 1.2 公里处，由 10 个炮兵连把守。

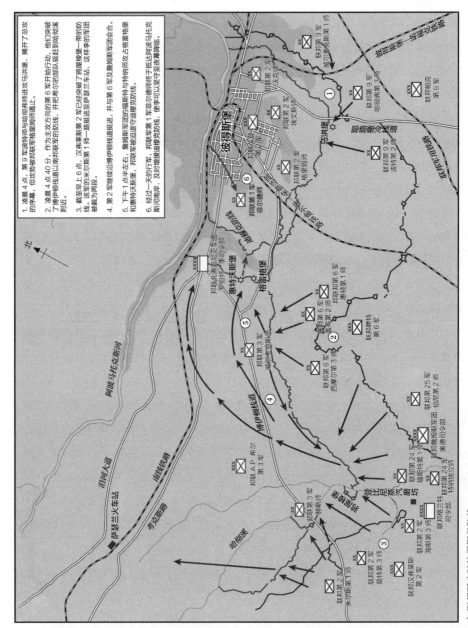

▲ 联邦军攻破彼得斯堡防线

1点，朗斯特里特先于菲尔德师赶到彼得斯堡，随即打地铺休息。几个小时后，联邦军发动总攻，前线的炮声、枪声越来越响，李与朗斯特里特相继被惊醒。5点多钟的时候，病愈归队不久的 A. P. 希尔也身着标志性的红衫，赶了过来。随后就是负责后勤车辆的副官维纳布尔上校，这位上校刚刚在浓雾之中将一队运输辎重的大篷车及牲口车沿着考克斯路送达彼得斯堡。他回忆道：

当我们的队伍走在半路上时，我看到一个受伤的军官拄着拐杖，自哈里斯旅（马洪师）方向的棚屋中逃了出来，显然他已经被敌人的散兵从安置伤病员的棚屋中赶出。而该旅位于指挥所正前方，我立即回到司令部，向李将军汇报了（敌军已经渗透到指挥所附近）这一情况，这时希尔将军坐在他身边。李将军命令我继续前去侦察。

希尔跟着维纳布尔一道骑马前去，试图重新组织已经千疮百孔的防线。他的红衫成为清晨的朝阳下最显眼的靶子，几分钟后，一发子弹射入了他的心脏。

当李得到其一手提拔的希尔阵亡的消息后，泪如泉涌，喃喃自语道："他已经安息了，留下我们继续受难。"从李将军的司令部，依稀可见联邦军的蓝色浪潮一波又一波地袭来。朗斯特里特提醒李，当前菲尔德师尚未抵达彼得斯堡，彼得斯堡的军队被切为两段，补给线也被切断。李唯一的选择，就是集结他剩下的部队，先退守格雷格堡与惠特沃斯堡之后的迪穆克防线，这里毗邻城郊，有已经布设好的工事，然后再做深远打算。

在朗斯特里特的劝说下，李不得不做出痛苦的抉择——放弃彼得斯堡，这也意味着他放弃了里士满。

李计划趁着夜色降临，将所有部队撤出，并依据预案，让他们在里士满—丹维尔铁路附近的阿米利亚县府集中，这样他们就可以乘坐火车南逃，与约翰斯顿的田纳西军团会合。他让副官沃尔特·泰勒向战争部拍发电报，内容如下：

在我看来，眼下只有坚守到夜里这一个方案了，而且我不能确定能否守住。如果我能够在夜里撤到阿波马托克斯河以北，那（里士满）所有部队最好在今晚也撤过詹姆斯河。在哈彻溪防御的几个旅已经与我们失去联系，敌人已攻入我们的防线。我建议今晚就要做好离开里士满的一切准备，稍后我将根据形势，对您提出具体建议。

4月2日上午10点40分，里士满的战争部收到电报，随后电报被送给正在圣保罗清教教堂晨祷的戴维斯总统，他读了电报之后，平静地起身，离开了教堂。

再说取得重大突破的联邦第6军第1、第2师。在抵达西南方向的哈彻溪后，他们继续沿着博伊顿栈道向彼得斯堡城内挺进，接着向北转向，沿大众路直奔艾基山上的李将军司令部。戍卫司令部的1个炮兵营、13门火炮立即向联邦军发射霰弹，第6军的官兵们一时间被打得血肉模糊，倒下一大片。他们头天晚上便没有睡好，加之酣战许久，疲惫不堪，根本无力发起一次凶猛的冲锋以摘取最大的胜果——北弗吉尼亚军团的指挥中枢。等到盖蒂师长安排第二次冲锋，攻下艾基山并缴获9门火炮时，李已经在第6军官兵的眼皮底下，骑着"旅伴"——李的老灰马，向迪穆克防线撤退了。此时，第6军已经推进到阿波马托克斯河岸边，时不时遭到对岸邦联炮火的轰击。根据格兰特的指示，该军正对迪穆克防线构筑阵地，就地休整，等待次日的进攻。

为了能顺利从里士满及彼得斯堡撤走，李需要时间等待菲尔德师渡过詹姆斯河，占据内部防线。而格雷格堡与惠特沃斯堡的防御战，一定程度上让李喘了一口气。这两座堡垒位于博伊顿栈道的西北侧，伫立在距彼得斯堡主防线200多米的后方，位于迪穆克防线之前900多米，距离彼得斯堡市中心大约6公里。其中，格雷格堡为五边形的土木工事，拥有炮位，周边是4.2米宽、2.4米深的灌水深沟，遍布锯齿形的栅栏，其后方有暗门。从1864年8月开始，A. P. 希尔手下的七八十个炮兵就在麦克罗伊上尉的指挥下驻守在此，他们通常执行步兵任务。堡内的子弹只有1000发，平均每人手里16发，而等到联邦军发起总攻时，他们才得到另外1000发子弹的补给。惠特沃斯堡在格雷格堡北部约600米处，邦联军通常称之为"亚历山大堡"，而联邦军则称之为"鲍德温堡"。这是一座七边形的矮小碉堡，护墙高度不过膝。在此之前，因为被水淹没，邦联军认为此处无法守卫。但在战斗当天，惠特沃斯堡里有4门帕罗特线膛要塞炮。格雷格堡的致命缺陷是其西北侧与惠特沃斯堡相连的堑壕，有大约30米尚未完工，这让进攻者可以从此处轻松爬上墙头。不幸的是，所有的邦联军指挥官都忽略了这一巨大漏洞。

在格雷格堡东南方向400米处的主防线中，有邦联军新修建的碉堡，名为"欧文堡"，此时该堡刚进驻威尔考克斯师的麦金托什炮兵队，以及由巴特兹中尉率领的华盛顿炮兵营一个连。

▲ 邦联军部分将领照片。第一排左起依次为：邦联军总司令罗伯特·爱德华·李上将、第1军军长朗斯特里特中将、第2军军长戈登中将、第3军军长A. P. 希尔中将。

第二排左起依次为：负责里士满守备的尤厄尔中将、第4军军长安德森中将、步兵师长（第4军）约翰森少将、步兵师长（第1军）克克特少将。

第三排为骑兵将领，左起依次为：骑兵军军长F.李少将（李的侄子），骑兵师师长"鲁尼"少将（李的次子）、罗瑟少将、曼福德少将。

第四排左起依次为：步兵师长（第1军）马洪少将、李的长子G. W. C. 李少将、步兵师长（第3军）赫斯少将、炮兵指挥官（第1军）亚历山大准将。

等到邦联的阵线被攻陷后，麦克罗伊立刻用火枪回击从西南方向靠近的联邦第6军的散兵。此时欧文堡已经被攻占，巴特兹中尉与其手下，或被俘获，或仓皇逃走。联邦军缴获了2门3英寸线膛炮后，立即调转炮头轰击格雷格堡。麦克罗伊先是向上级索要一些马匹，接着命令士兵集中火力，向欧文堡内的敌人射击，联邦军被打得晕头转向，不得不逃出碉堡。就这样，麦克罗伊重新夺回了欧文堡的火炮。等到驮马被送来，他命令手下将欧文堡的火炮拖到班克斯屋正东面的山脊。驻足于这个制高点，他可以看到无数身穿蓝色制服的联邦军人，以三到四排的战斗阵形向东涌向邦联军的阵线。麦克罗伊布好火炮后，对准联邦军连续发射数十发，随后将火炮拉回格雷格堡内。

在格雷格堡附近的指挥部中，威尔考克斯少将得知从百慕大洪德赶来的第3军哈里斯密西西比旅，即将前来增援，便命令莱恩与托马斯的残余人马展开反击，成功夺回了一部分堑壕。当这些北卡罗来纳人与佐治亚人攻至教堂路时，密西西比人如约而至，加入到他们的阵列中，共同执行起拖延联邦军攻势的任务。

哈里斯带领密西西比第19与第48团，进入惠特沃斯堡与南线铁路北面的堑壕；邓肯中尉则带着密西西比第12与第16团选出的150名士兵，进入格雷格堡；北卡罗来纳州与佐治亚州也各自派出部队进入格雷格堡。格雷格堡现有2门火炮，位于东南方向的火炮由麦克罗伊上尉手下的路易桑那人操纵，而中央位置的火炮则由沃尔特·肖上尉手下的马里兰炮手操纵。整个格雷格堡内，算上步兵、炮兵，共计约330人，步枪兵站在供射击用的踏台上准备战斗，炮手则忙着往火炮里装上霰弹。在一片嘈杂中，威尔考克斯将军向手下发表了演说：

将士们！整个李军团的安危系于汝手，你们一定要意识到自己的责任所在！这座堡垒不能投降！只要你们坚守两个钟头，朗斯特里特的人马就会赶到，那么整个阵线将会转危为安。

威尔考克斯回到指挥部后，方才得知第3军炮兵主管鲁本·沃克准将下令将所有的火炮全部拉回迪穆克防线①，这时，联邦军的大批步兵已经接近格雷格堡了。

———————————————

① 沃克认为，已抵达邦联军右侧阵线的菲尔德军更需要火炮，而留在这里迟早会落入敌人手中。

唯一庆幸的是，由于敌人过于接近，格雷格堡中的2门火炮来不及转移。惠特沃斯堡内火炮被拉走，成了这场战斗的重要转折，威尔考克斯回忆道："这些火炮在堡垒中射界最好，炮手们可以在胸墙后开火，而且两个堡垒之间可以相互支援。如果那4门炮还在，可以从侧面使用葡萄弹和弹片杀伤距离400码远的敌人，敌人会被击退。尽管格雷格堡最后还是守不住，但是在联邦军重新组织进攻的间隙，守备部队完全可以脱身。"

4月2日下午1点，詹姆斯军团第24军第1师与特纳独立师共计5000人，自第6军后侧出发。除了哈里斯第3旅主攻惠特沃斯堡外，其余部队均向格雷格堡冲去。福斯特师的指挥官或许是高估了堡内守军的人数，在碉堡前小心翼翼地排成了严整的两排阵线，这就给了守军充足的准备时间。随后，詹姆斯军团的火炮迅速压制了堡内的线膛炮，在炮火的掩护下，联邦步兵发起了冲锋。据指挥第16密西西比团残兵的阿奇博尔德·琼斯上尉的回忆，北方人只要冲到堡垒外围25—30码处，便进入了邦联军的射界盲角，但这并不意味着联邦军就脱离了困境。堡垒前的壕沟里灌满了齐胸深的水，康涅尼格第10团的士兵跳入水中，用自己的身体搭设浮桥，协助战友爬上陡峭的对岸。琼斯接下来回忆道："我很确定，攻击纵队前后挤在一起，拥挤在壕沟中，如同箱子里的沙丁鱼，他们一点不敢停步，而是迅速翻过护墙，进入碉堡中。"许多士兵受伤后，由于无人帮忙，跌倒在水中活活溺死。碰得头破血流之后，联邦军渐渐发现了那段未完工护墙的缺口，纷纷从那里翻过去，终于在下午2点半左右从后门杀入碉堡。堡内到处都是尸体、残肢断臂与鲜血。守军打光了子弹，高呼"永不投降"互相鼓劲，然后捡起身边的石头、砖块掷向对手。最后，在数十名联邦士兵黑洞洞的枪口之下，联邦军官命令堡内最后一个炮手——19岁的劳伦斯·比利投降。比利回击道："你们这帮该死的！"说完就猛拉炮绳，打出霰弹。转眼之间，他就被反应过来的联邦军打成了马蜂窝。在这场堡垒攻防战中，防御者有57人阵亡，129人受伤，30人被俘，进攻方联邦第24军则付出了伤亡714人的代价。艰难取胜的联邦士兵兴奋地向天开枪，堡垒左面的邦联军以为战俘全被他们杀害了，便用炮火轰击格雷格堡。

格雷格堡失守后，惠特沃斯堡也难以再坚守。该堡的密西西比人直到对手距离他们不到40米时，才接到威尔考克斯的撤退命令，这导致有85名士兵来不及撤走

▲ 格雷格堡最后的守卫者——19岁的比利

被俘。格雷格堡的拼死抵抗持续了整整两个钟头，为菲尔德师争取了充足的时间。后者抵达彼得斯堡后，在迪穆克防线与阿波马托克斯河之间匆忙搭起胸墙，弥补了邦联军内侧防线的这段间隙，而李将军也有了时间将军队撤出彼得斯堡防线。

此时，詹姆斯军团第25军的伯尼第2师抵达战场，占领了之前邦联军挖设的战壕。由于邦联工兵打开了碉堡后方的罗霍依克河水坝，水位暴涨，而对面的防线又居高临下，易守难攻，奥德只得命令部队停止攻击。

汉弗莱斯第2军在联邦军攻击线的最西端，于4月2日清晨6点从哈彻溪边的鸦房堡垒出发。两个小时之内，他们占领了从布吉斯磨坊到克莱伯恩路一带的敌军堑壕——由于先前戍守这一带的邦联赫斯师已经逃到萨瑟兰车站，所以此段堑壕已是无人把守。接下来根据米德的命令，海斯第2师与莫特第3师沿着博伊顿栈道东进彼得斯堡，与第6军取得联系。米尔斯第1师的先头旅，于上午10点冲到了控制南线铁路的萨瑟兰火车站，发现车站内足足有3个旅（大约4000人）的敌人，其中大多是赫斯的部队。由于第3军军长希尔阵亡，李将赫斯召回彼得斯堡任代理军长[1]，他的师则由库克指挥，守卫长达半英里的堑壕与胸墙。联邦军的第一次进攻被击退，伤亡惨重，3旅旅长亨利·麦迪尔身受重伤，由麦克杜格尔准将接替指挥。联邦军又连续发动两次进攻之后，终于在下午3点攻下车站，从而彻底切断了彼得斯堡的生命线——南线铁路。此战，联邦军伤亡370人，邦联军伤亡600余人、被俘上千人。在得知萨瑟兰车站发生战斗后，联邦第5军新任军长格里芬根据枪炮声的方向，率全军沿考克斯路迅速东进，向战场靠拢；但当他抵达萨瑟兰车站时，米尔斯的士兵们已经在清点战俘、打扫战场了，于是他带着第5军的士兵修整去了。随后，姗姗来迟的谢里登骑兵部队，也来到了车站。

随着联邦军在各地段相继停止攻势，无尽的黑暗又慢慢笼罩在厮杀了一天的修罗场上空。在博伊顿栈道边的一间小屋内，格兰特与米德在临时司令部里运筹帷幄。短短一天之内，以伤亡不到4000人的代价取得如此辉煌战果，想必二位将军都相当得意。格兰特准备乘胜追击，下令4月3日凌晨5点发起短促的炮火准备，炮击一个小时后，便对迪穆克防线发动新一轮总攻。

大撤退

撤入迪穆克防线后，李在彼得斯堡城内的基尔韦恩宅建立了临时指挥部。4月2日夜里，他对战争部坦言：“显然，我们有必要在今晚撤走，否则明日就要承担被切断后路的风险。”

夜里8点钟后，北弗吉尼亚军团开始有序地撤出里士满与彼得斯堡的阵地。首先被静悄悄拉走的是炮兵；4月3日凌晨3点，万籁寂静，步兵们也开始一个团一个团地撤走。在里士满城中的戴维斯总统与幕僚，则于2日深夜11点，携带着大批行李、档案以及邦联金库所有黄金，坐上开往丹维尔的火车，并于次日下午抵达。在那里，戴维斯可以统一指挥李与约翰斯顿的军队。

---

[1] 当他匆忙赶到彼得斯堡后，发现第3军的编制已经被取消，其部队并入了朗斯特里特的第1军。

▲ 燃烧的里士满

实施撤退计划之前，工程兵指挥官托马斯·塔尔上校已经制定好了具体路线：

全体邦联军，将在位于里士满西南方向 63 千米、彼得斯堡西北方向 58 千米的阿米利亚县府集结。为了能甩开联邦军，军队必须顺利渡至阿波马托克斯河南岸。早在去年冬季，李就命令工兵重修在夏天被破坏的彼得斯堡上游 40 公里处的贝维斯桥，该桥是通往阿米利亚县政府的最快路线。与此同时，邦联军工兵在古德桥的遗址处搭建起一座浮桥。最后，按照计划，一列火车在 4 月 2 日开往马托克斯火车站，随后车厢将被向北拖行 2 英里到基尼托桥的遗址处，作为浮桥供辎重车通行。

除了已经与主力部队失去联系、独立行动的皮克特、F. 李与约翰森的部队外，北弗吉尼亚军团的全体官兵，以抵达不久的菲尔德师殿后，偷偷溜出他们已经驻守了 10 个月的堑壕，沿着四座桥梁渡过阿波马托克斯河。所有来不及带走的重炮都被迫丢弃。李率领主力过河之后，立即派工兵炸毁了波查洪塔斯桥与坎贝尔桥。而其余两座桥，等到菲尔德在棉花仓库放完火并撤过河之后，也将被摧毁。

4 月 3 日清晨 7 点半，尤厄尔将军带领戍守里士满的部队抛弃了他们的首都。

他们越过詹姆斯河，向事先安排好的基尼托附近的浮桥撤退。而庞大的辎重车队，则通过吉尔斯桥渡河，抵达米德维尔。

里士满以南，G. W. C. 李携大批炮兵部队从查芬河岸的浮桥过河，并与上岸作战的海军士兵结伴而行；随后，他们与尤厄尔部偶遇。之前守卫百慕大洪德的马洪第3师（第1军），则通过古德桥处的浮桥撤过对岸。

弃守基尔默要塞之后，克肖师（第1军）进入里士满，留下2个营维持治安，弹压抢劫军粮库的暴民。可惜军粮库里堆积的成桶的火腿、腊肉、威士忌酒、面粉、食糖与咖啡，直到最后也未分发给李半饥半饱的军队。加里的骑兵旅最后离开首都，从马约桥抵达詹姆斯河对岸后，他们追上了缓缓移动的辎重车队，并护送后者赶往米德维尔。当所有成建制队都撤出城后，邦联军宪兵司令伊萨克·卡灵顿少校奉命将烟草仓库付之一炬。

克肖师在行军20公里后追上了尤厄尔，二者一起赶往基尼托。但到了第二天（4月4日），他们方才知道工兵们没有按计划将车厢从车站拖过来，于是不得不继续南行，赶到马托克斯车站。而李与朗斯特里特的撤退路线也出现了问题，斥候传回消息称，由于洪水暴发，先前修复的贝维斯桥并不能通行，因此他们不得不改走古德浮桥。但当他们赶到之后，发现南军部队正在矮个子师长、"小比利"马洪的指挥下过河，一时间挤做一团。根据李的计划，邦联军有三条路线可以渡过阿波马托克斯河，眼下还剩两条，而且其中一条是十分不便于辎重车通行的马托克斯车站铁路桥。

4月3日一大早，联邦军队开始陆陆续续地进入彼得斯堡与里士满。凌晨3点10分，第9军第1师第2旅的士兵们自阵线僵持以来，第一次越过了敌人的防线。该旅的两个团——密歇根第1神枪手团与第2步兵团争先恐后地朝着市政府钟楼方向冲刺。神枪手团的旗手维克塞身轻如燕，率先冲了进去，他爬到钟楼顶层，砸碎玻璃窗，挥舞团旗，时间为4点28分。他回忆道："此刻我们的心情无法用语言表达，我们互相紧握着手，眼中全是兴奋的泪花，我们清楚，战争马上要结束了。" 4年以来，联邦的旗帜第一次在这里飘扬。

从西南方向进城的联邦第6军，与举着白旗出城的彼得斯堡市长威廉·汤斯遇个正着。市长一行被带到第6军第1师第3旅旅长奥利弗·爱德华面前，正式

▲ 第25军的黑人士兵进入里士满

递交降书，书中写道：

邦联军队业已全部撤离，我们现已得到共同委员会授权，向联邦军投降，望贵军确保市民的人身及财产安全。

4月4日，先前占领百慕大洪德的乔治·哈萨弗少将的步兵师，奉命维持彼得斯堡、锡蒂波因特等区域的治安。

在里士满城外，暂替生病的奥德指挥詹姆斯军团的韦泽尔将军，派出以史蒂文斯少校为首的40名马萨诸塞黑人骑兵前去受降。4月3日凌晨5点半，这支骑兵队在城南5公里处，与乘坐马车的里士满市长约瑟夫·马约相遇，后者递交给史蒂文斯少校与彼得斯堡类似的降书，请求联邦军约束军纪，善待妇孺。接受降书后，史蒂文斯带领骑兵队进入里士满城内，在"国会"办公楼升起两面团旗。稍后，韦泽尔率领黑人士兵高唱《约翰·布朗之躯》进至市政厅附近，参加了正式的受降仪式。当天下午，里士满城中一切暴乱均被平定。华盛顿城早在当天早上，便收到了里士满与彼得斯堡被攻克的消息，人们涌进报社，抢夺数以千份加印的号外。从第14街到M街，800响礼炮相继炸开，声音震耳欲聋——300响为彼得斯堡，500响为里士满。教堂钟声响彻街道，国旗四处飞舞，人们互相握手、拥抱，高高抛起他们的帽子，尖叫，歌唱，乐队奏响国歌，消防队鸣着汽笛穿城而过，整个华盛顿成了欢乐的海洋。大家都知道，距离战争结束的日子，已经屈指可数了。

当米德骑马进入彼得斯堡后，他在一名叫作托马斯·华莱士的律师家中，找到了格兰特将军。不久之后，林肯也从锡蒂波因特赶来，向格兰特道贺。随后，三人开始商议接下来的规划。

首先，格兰特下定决心，不等谢尔曼大军到来，由东线的联邦军独力消灭李。这是因为相比屡立奇功的西线，东线的进展着实太缓慢了，如果让谢尔曼施以援助，那么在战后，西部人会将内战胜利的功劳全部归于自己。林肯同意了他的主张。

其次，格兰特与米德都坚信，李必然会沿里士满—丹维尔铁路南下北卡罗来纳，与约翰斯顿会师。为了截断李的退路，格兰特决心先下手为强，占领里士满—丹维尔与南线铁路的交汇地——博克维尔。李的大部队与博克维尔的距离为55英里，而萨瑟兰车站的谢里登距离博克维尔仅有35英里，这对联邦军而言大为有利。

在赶往萨瑟兰车站之前，格兰特致电谢里登，提醒他："当前第一目标为阻碍李的行动，第二目标为占领博克维尔。"第2、第5、第6军执行第一目标，第9、第24军负责第二目标。帕克的第9军还有另一任务，那就是分散部署在萨瑟兰车站至法姆维尔的铁道线上，保护南线铁路及后方的辎重车队。联邦士兵一边警戒敌人骑兵，一边将铁轨宽度从南方常用的5英尺调整到联邦通用的4英尺8.5英寸。

总体上说，邦联军自彼得斯堡与里士满的撤退还算有序，但与主力脱离、依然滞留在阿波马托克斯河南岸的邦联军，不得不搏出一条生路了。五岔口战败后，皮克特、约翰森、F.李等人在教堂路集合，然后一起穿越南线铁路。联邦军总攻彼得斯堡时，皮克特等人继续向阿波马托克斯河方向逃窜，计划在埃克塞特磨坊泅渡。4月2日下午3点左右，殿后的F.李骑兵部队侦察到谢里登的部队之后，约翰森的步兵们立马开始就地构建工事。数小时后，德温的骑兵先遣队纵马杀来，向约翰森的步兵阵地发起了冲锋，但数次进攻皆被击退。夜幕降临后，联邦军停止了行动。此刻，皮克特已经到了埃克塞特磨坊附近，但发现河水暴涨，无法泅渡。朗森的残部找到了一艘渡船，将一些人渡了过去，但是皮克特视察之后，觉得这样实在太慢了，于是继续向西北方向行军，并和F.李、约翰森一道，于4月3日渡过迪普溪，抵达河宽15米左右的那莫辛溪岸边。这时候，他们方才知道李已经弃守彼得斯堡与里士满，而接下来的集合点是阿米利亚县府。此时在队伍末尾，已经出现卡斯特骑兵斥候的身影。约翰森不得不派出少量部队在那莫辛溪西岸搭设胸墙，砍倒树木断后。卡斯特带着骑兵出现在对岸后，见对手防守严密，便未轻易发起冲锋，而是架起火炮，向邦联军的阵地倾泻榴霰弹。邦联军魏斯准将回忆道：

谢里登的骑兵吹响了冲锋号，看似在我们前方的树林里集结，实际上他的真实目的是攻击我们左侧 F. 李的下马骑兵。

联邦军的火炮将来自北卡罗来纳的步兵牢牢按死在阵地上，得了机会的弗蒙特第 1 骑兵团纷纷下马，穿过溪流，进攻邦联军的骑兵。魏斯继续描绘道：

联邦军给了罗伯特准将很大的压力，他向我要援兵，我只能命令第 59 北卡罗来纳团沿着胸墙后侧靠近骑兵兄弟，迂回到敌人左侧，之后经过齐射，将对手击退。

在竭力顶住对手的攻击后，邦联军开始向 5 英里外的那莫辛教堂和温特科马溪撤退。卡斯特部紧咬不放，全军渡河后便开始清理路障，接着一路追杀。谢里登上报格兰特道：

敌军后卫部队的抵抗十分虚弱，他们将弹药抛弃在路边与树丛中，然后点燃栅栏与树林，以致到处都是弹药的爆炸声。

F. 李、约翰森等人抵达那莫辛教堂后，决定分路突围，殿后任务被交给了鲁福斯·巴林杰准将及 800 名北卡罗来纳骑兵。北卡罗来纳第 5 骑兵团的骑兵们纷纷下马，隐蔽在附近的房子里与篱笆后面，意图给对手造成突然袭击；而北卡罗来纳第 1、第 2 骑兵团则在一门火炮的支援下，策马立于一条正对路口、临时搭建的胸墙之后；北卡罗来纳第 3 骑兵团由于被派去护送辎重车队，所以并未参加战斗。

4 月 3 日上午 9 点，联邦纽约第 8 骑兵团疾驰而来，大致侦察后，便调转马头回奔，途中正好与弗蒙特第 1 骑兵团相遇。两团商量后共同对邦联军阵地展开了攻势，其中弗蒙特人从正面进攻，纽约的骑兵则从右侧包抄。巴林杰令第 2 团反击，但遭到失败，并且连带第 1 团也陷入了混乱。这时纽约第 8 骑兵团拍马杀到，邦联骑马作战的部队或逃或降，巴林杰见大势已去，下令第 5 骑兵团也骑上战马，沿着格林路撤退。他回忆道：

一切都无济于事，不到 30 分钟，我的骑兵阵线就被占有绝对优势的敌人冲垮了，这样第 5 团也暴露给了对手。我给该团下达了撤退命令，但不知是未能传达还是为何，他们依然纹丝不动。最后，我亲自带着两位参谋官，冒着枪林弹雨，穿过一片树丛亲口给他们下令，才拯救了他们，但是他们的战马全部丢了。

在一片混乱中，巴林杰和他的参谋们与主力部队走散了。这时，另外一群穿着灰色军装的骑兵跟了上来，巴林杰便与他们一起沿着那莫辛道撤向阿波马托克斯河。行至半路，这些"友军"方才告诉巴林杰，他们是谢里登的斥候部队，只不过穿着邦联制服。成为俘虏的巴林杰无奈地嘟囔道："为追上大部队，我尽力了……结果我被骗了……"在那莫辛教堂战役中，联邦军打死、打伤、俘虏敌人350人，缴获1门火炮及100多匹战马。值得一提的是，卡斯特师长的弟弟托马斯·卡斯特中尉一马当先，跨越敌军的防御阵地，亲手夺取了北卡罗来纳第2骑兵团团旗，并俘虏了2名军官和11名士兵，为此荣获荣誉勋章。巴林杰部的牺牲仅仅让约翰森与"鲁尼"二人发现自格林路跨越迪普溪的路线不通，于是他们不得不返回与F. 李会师，再从卡塞莱路上的布朗桥越过迪普溪。

卡斯特在取得那莫辛教堂战役的胜利后，命令凯普哈特第2旅马不停蹄地继续沿格林路追击，而威尔斯第3旅则顺着那莫辛路追击。在曼博罗，他们终于追上了约翰森的步兵师。约翰森师未来得及组成防线就又溃散了，士兵四处逃窜，联邦骑兵并未追赶，而是选择稍事休息，于是约翰森的残兵便越过迪普溪，一路跑到贝维斯桥附近。当夜，他们与未能从埃克塞特磨坊过河的皮克特部残兵会合。

尽管连战连捷，但是骁勇善战如卡斯特部也已成强弩之末，当夜他们便在斯威瑟豪斯溪边宿营休整，并等到了兄弟部队——德温骑兵师；接下来，第2军、第6军、第9军、詹姆斯军团也先后各就各位。

截至4月4日凌晨，朗斯特里特的第1军已经通过古德桥，即将抵达阿米利亚县府；戈登第2军过河后，在距河数英里外的斯科特杂货铺附近休整；李与参谋们沿着铁路寻找按计划从里士满发货、载满30万份口粮的车厢，但是并没有找到。负责后勤供应的邦联官员战后声称，他们根本没有接到命令，该官员还声称这些粮食本来可以送往阿米利亚的，但很可能被扣在了里士满。这样，李只能依赖辎重马车拉过来的余粮与就地征发的一些粮食，除此之外，士兵们只能吃随身携带的炒玉米充饥。为此，李不得不向当地民众发布公告：

我不得不恳请你们慷慨解囊，给这些为你们的解放而浴血奋战四年的战士们提供他们必需的口粮。

他允诺民众事后可以拿着收据凭证，向邦联军索要粮食的费用。尽管李派出大量人手前往乡下征粮，但弗吉尼亚州大部分劳力已经从军，粮食歉收，当地农民手中没有多少存粮。于是李急电丹维尔的邦联政府，要求马上发出 20 万份口粮。为了减轻负担，李命令炮兵尽可能把火炮送到丹维尔，不必要的辎重则扔在路边。

从里士满驶出的辎重车队得知米德维尔附近的吉尔斯桥被破坏后，改走克莱门特镇桥，向潘维尔前进；而最早过河的马洪部队得到毁掉古德桥的命令，因此一直在河边等着，直到里士满的友军全部过河；尤厄尔的部队在马托克斯铁路桥上铺设木板，终于让辎重车和炮车在 4 月 4 日夜里全部过河；皮克特、约翰森及 F. 李等人凭借阵地赶跑了接替疲惫的卡斯特部追击的德温骑兵师之后，不敢恋战，于当日晚撤离阵地，并在 4 月 5 日黎明抵达县府。这样，北弗吉尼亚军团剩余人马，终于全部集结到了阿米利亚。但是李为了等这些部队，足足耽搁了一天，这使联邦军有了充足的时间超越他们，截断他们的南逃之路。

李与格兰特的猫鼠游戏

在李将军成功将部队集结于阿米利亚县府的前一天，格兰特为了堵住李的去路，下令谢里登部克鲁克第 2 骑兵师与格里芬第 5 军，兵分两路夺取通往博克维尔的必经之地——杰特维尔。谢里登骑兵马快，于 4 月 4 日下午 5 点抵达杰特维尔。他们在当地电报局的桌子上，发现了一封指名发给邦联后勤部门的信，上面要求丹维尔提供 20 万份口粮，沿着铁路运给李的军队。谢里登为了迷惑对手，特意派信使赶到博克维尔，在那里拍发电报，向邦联后勤部索要口粮，但邦联政府已经知道博克维尔落入敌手，并未上当。

接下来，第 5 军各师也陆陆续续抵达杰特维尔，并立即横跨铁路线就地筑起工事。如果李此时出现，那么完全可以依靠兵力优势杀出一条血路，赶到博克维尔，从而打开南逃的通道。毕竟在他面前，仅仅只有 1 个骑兵师和 1 个步兵军，其他联邦军鞭长莫及；但是李此时还在征收粮食，等待其余部队，因此错失了这一良机。

谢里登知道眼下杰特维尔的部队挡不住李，便给由于感冒而正在迪普溪岸边歇息的米德送信，催促道："赶紧派兵增援，李随时会逃脱。"米德在 4 月 5 日凌晨 2 点半接到消息后，便让波托马克军团的士兵们赶紧拔营前去增援。由于庞大的辎重车队尚在后方泥泞难行的道路上艰难挪动，无法跟上战斗部队，因此波托马克军团的口粮也差不多耗尽了，只能和老对手——北弗吉尼亚军团一样半饥半饱地忙着赶路。

但是，直到 4 月 5 日，李依然未能如谢里登所料前来。谢里登担心李会绕过杰特维尔，便让克鲁克师向北面侦察李的动向。戴维斯率骑兵旅抵达潘维尔十字路口后，得知从里士满来的辎重车队也在附近，他不想放过这只肥羊，便下令新泽西第 1 骑兵团截击这支辎重车队。令这些新泽西小伙子感到惊奇的是，在看护辎重车队的队伍中，竟然有不少身着邦联制服但皮肤黝黑、嘴唇厚重的黑人士兵，这在长达 4 年的战争中，还是第一次出现。原来，随着对蓄奴主义持中立态度的李将军成为邦联军总司令，在他的推动下，邦联国会于 3 月 13 日勉强通过了一项征募黑人士兵的法案。虽然直到战争结束，邦联军都没有创建哪怕一个黑人兵团，但还是有一些黑人士兵零零散散地补充到了部队中，他们一般负责看守辎重、挖

▲ 潘维尔的联邦骑兵袭击邦联车队，注意南军有相当多黑人士兵参战

掘工事等次要任务。这些黑人士兵使用的是生锈的火枪，战斗意志也十分薄弱，面对北方骑兵的冲击，很快便举手投降。邦联军的考斯顿中尉见势不妙，骑马冲向潘维尔，因为按事先安排，一些从百慕大洪德撤下来的火炮将用火车运到这里，哪知潘维尔已落入联邦军手中！在新泽西骑兵的冲击下，邦联军护卫部队一触即溃，连架设火炮的机会都没有。战斗结束后，戴维斯让士兵们用火车将战俘和缴获的马匹运走，马车则被就地烧毁。

李得知他望眼欲穿的辎重车队遭到袭击后，立即派次子"鲁尼"前去解围。这些饿得两眼通红的南方骑兵，正好遇到满载而归的联邦骑兵殿后部队。"鲁尼"仗着人多势众、部下刀马娴熟，从三面对对手展开夹击，用马刀狠劈北方骑兵。来自新泽西的骑兵们则扬长避短，使用斯宾塞卡宾枪与柯尔特左轮枪还击，最终30人阵亡，超过150人受伤，这些伤亡大多拜对手的马刀所赐；而邦联骑兵则最后一次证明了他们的骑术远高于同行，在这次袭击中，邦联骑兵的损失不足100人。直到联邦援军赶来，"鲁尼"方才带着手下扬长而去。

4月5日下午2点半左右，谢里登翘首以待的援军——汉弗莱斯第2军终于抵达杰特维尔，感冒未愈的米德也乘坐一辆救护车①赶了过来，他下令第2军就地防御。下午6点，第6军如期而至，在阵线右侧布防。截至当天夜里，这3个军已经朝阿米利亚方向挖设了长达6500米的堑壕，而在堑壕两侧，则是卡斯特的骑兵。

不久之后，格兰特亲自率领詹姆斯军团沿南线铁路行军近130公里，抵达博克维尔。途中，谢里登的信使赶来，向他汇报了戴维斯骑兵成功打劫邦联辎重车队的消息，在信的结尾，谢里登写道："我希望您也在这里，只要一切顺利，我们就能堵住北弗吉尼亚军团，李已无路可逃。"

格兰特看完信后，立即更换一匹新的坐骑，与副官们一起驰往杰特维尔。4月5日晚上10点半，格兰特和米德、谢里登等人会合后，意识到米德下达的就地防御命令，很可能让李再次跑掉，便命令这3个军第二天一大早立即去往阿米利亚县府主动寻找李的身影，而不是就地傻等："我们不应该跟在李屁股后面，而应

---

① 一种轻型马车，配有很好的弹簧装置和可以旋转的前轴，即使在挤满死尸和残骸的战场，也可以行动自如。

该走在他前面。"格兰特判断"李应该会右转",下令第5军沿着丹维尔铁路移动，第2军在其左侧，第6军在其右侧；谢里登的骑兵部队被派到铁路西部5英里外的迪通维尔；奥德的任务则是切断法姆维尔附近的铁路桥，即高桥。

事实证明，格兰特又一次做出了正确的预判。北弗吉尼亚军团从阿米利亚县府向西南方向的博克维尔运动：骑兵开路；接下来是朗斯特里特的部队，马洪的步兵师，安德森、皮克特、约翰森的混合部队；而断后的则是从里士满撤下来的尤厄尔、克肖、G. W. C. 李的人马。全军开拔没多久，便与谢里登的斥候交上了火，第5军也随即靠拢过来。"鲁尼"向他的父亲汇报了这一情况，与朗斯特里特探讨之后，李果断放弃了先前的路线，他命令部队西转，向蒙特锡安转进。通过这条路线，北弗吉尼亚军团将趁着夜色从北边绕过联邦军左翼，然后一路向西行军37公里，抵达南线铁路沿线的法姆维尔。李希望在这里获得一些补给，然后再做打算。

疲惫不堪的南军将士整夜都在行军。过福莱特溪时，虽然步兵们可以趟过去，但是辎重车与炮车无法从损毁的桥面通过，工兵们不得不停下来修桥，宝贵的时间就这样缓缓流逝。等到了对岸的萨尔弗斯普林斯时，李终于收到了后勤部长伊萨克·约翰的电报，对方声称有8万份口粮本应送往博克维尔，但由于现在联邦军已经占领了那里，所以改送至法姆维尔。4月5日夜里，李的手下抓到了一名联邦密探，根据他的口供，格兰特正将波托马克军团集结于杰特维尔，而奥德的詹姆斯军团则停驻在博克维尔附近。这让李更加坚信他命令军队向西转进是正确的，在这场与格兰特的猫鼠追逐游戏中，他又一次占得了先机。

按照李修订的行军计划，他们将从高桥再次穿至阿波马托克斯河北岸；过河后，再将高桥毁掉，这样就可以把联邦军甩开；随后，他们将进驻邦联的重要据点——林奇堡，在那里，北弗吉尼亚军团将得到充足的补给。

4月6日破晓时分，汉弗莱斯第2军的斥候猛然发现福莱特溪对岸向西行进的灰色队列。第3师的士兵们在师长格晓姆·莫特的指挥下趟水过河，准备阻止对手撤退。就在这时，邦联军的狙击手射中了莫特的大腿，士兵们七手八脚地将其抬到后方。经此变故，第3师改由德·陶比连准将指挥。得知李改变了行军路线之后，联邦军迅速做出了反应：谢里登的3个骑兵师兵分三路，如同雄鹰张开的利爪，扑向迪通维尔，围剿他的猎物；而第6军的步兵则加速向他们靠拢。担任先锋的克鲁克一边派出精锐骑手组成特遣队，对邦联的辎重车辆与后卫部队采取袭击—撤离的骚扰战术，黏住对手不放；一边等待德温与卡斯特的骑兵师赶到。

奥德接到的任务是将主力屯于博克维尔的同时，毁掉所有邦联军可能用到的桥梁，首当其冲的，自然就是高桥。该桥位于法姆维尔东北 4 英里处，完工于1854 年，横跨阿波马托克斯河谷及周边被洪水淹没的平原，南线铁路从桥上通过。该桥长度接近半英里，与河谷的最大高差达 50 米，其下游几百米之外，还有一座木桥。奥德派出沃什伯恩上校率 2 个步兵团及几个骑兵连组成特遣队夺桥，成功后一把火将其烧掉。他们出发后不久，奥德收到谢里登的情报，声称李正朝他这边赶过来，奥德赶忙派他的参谋长里德准将去把特遣队拉回来。

这时，李与朗斯特里特的部队已经抵达怀斯车站，无意间将里德、沃什伯恩的退路截断。朗斯特里特通过审问抓获的联邦特遣队士兵，获悉里德一行的目标，遂把身边所有骑兵征集起来，命他们火速前去，不惜一切代价阻止联邦军烧桥。

里德尽管意识到夺桥行动已经暴露，但仍继续按计划执行任务。在距离高桥1 英里外的地方，他下令步兵停下来，派沃什伯恩上校率骑兵去附近侦察。通过侦察，里德发现当地的武装比他们预想的要强大得多，而且在桥的两头均筑有工事。沃什伯恩将骑兵部队分成两路，一路从几百米外的木桥过河，从后面包抄对手，主力则从正面进攻。在凶猛的进攻之下，守桥部队被打了个措手不及，仅仅抵抗了半个小时左右，便朝法姆维尔退去。沃什伯恩正准备安排人点火，突然从身后响起猛烈的枪声，他意识到，步兵也遇到麻烦了，于是回去看个究竟。

沃什伯恩并未走大道，而是穿过丛林沿着河床前行，等他爬上附近的山头后，

▲ 联邦军夺占后的高桥，部分桥体烧得只剩下骨架

方才看清整个战斗的局势：来自宾夕法尼亚州与俄亥俄州的步兵们，在下马作战、占据人数优势的邦联骑兵的夹击下，很快耗尽了手中弹药，形势十分危急。于是，沃什伯恩迅速率手下 79 名骑兵绕行到被困住的步兵右侧，然后下令："排成四排，向左突击！"他们急速冲进邦联军曼福德的下马骑兵中，接着沃

什伯恩又连续组织了两次冲锋。这时邦联军罗瑟部骑兵赶到，双方用马刀展开了血腥的肉搏。弗吉尼亚第5骑兵团的列兵亨德利回忆道：

> 敌军骑兵朝着我所在的位置，先后发起三次冲锋。（虽然都是骑兵，但）他们骑马，我们步战，每一次我们都可以用齐射将他们驱散，最后有三名军官（其中之一便是沃什伯恩）又杀了回来，试图突出重围。我们只有一道散兵线，因此这三个绝望的人，在我们装填子弹时，一边胡乱挥舞着马刀，一边从我们身边掠过。一开始，我们被眼前的景象迷惑了，直到有人喊道："杀掉这些扬基佬！"随着枪响，他们从马上跌了下来。难以忘记，当子弹从他们身上穿过时，他们军大衣上扬起的尘埃。

一发子弹从沃什伯恩的口腔穿过，他跌落了下来，接着头上又挨了一马刀，昏了过去。4月7日，赶到的詹姆斯军团的士兵，在尸堆中找到了他，但他还是由于伤重于16天后死去。

激烈的战斗仍在继续，联邦的步兵顶不住人数占优的对手，纷纷朝高桥方向逃去，大多数人扔下手中的步枪做了俘虏。拒绝投降的里德准将，被同样身受致命伤的邦联军德林准将开枪打死。总共有780名联邦士兵被邦联军俘获，不过他们仅仅做了3天俘虏，便随着北弗吉尼亚军团的投降而重获自由。

战后很多历史学家评价，里德准将明知敌军主力临近，依然执行烧毁高桥计划，造成的牺牲毫无意义。但事实并非如此，他这一勇敢甚至莽撞的行动一定程度上加速了战争的结束。在投降后，李的一名军官提到："直截了当地说，这次行动十分值得。沃什伯恩上校与他的士兵冲锋得那么英勇，打得又那么决绝，让李将军误判联邦军的主力就在附近，他已经遭到拦截。"正是由于这种误判，李命令部队停止撤退，暂时向怀斯火车站附近集合，并布设阵地，掘壕驻守，等待所谓的"大军"的进攻。就这样，波托马克军团有了足够的时间向李靠近，迫使其西逃至阿波马托克斯县府一带，而谢里登也可以在小塞勒溪对邦联军队进行截击。

崩溃的开始

4月6日上午11点，正当安德森军依照李的军令向怀斯车站集结时，一直纠缠邦联军不放的克鲁克骑兵师第3旅突然杀到，对其展开突袭，并烧毁部分货车。

为了保护后面的辎重车队，安德森军不得不停下来，搭建胸墙进行防御。在皮克特师的帮助下，他们终于将联邦骑兵打退，但这样一来，安德森军与前方朗斯特里特的部队渐渐脱节了。

下午2点钟，卡斯特越过已接近干涸、更像一片沼泽的小塞勒溪。他注意到了朗斯特里特与安德森之间的巨大空当，当看到胡格尔的炮兵部队正在二者之间缓慢挪动时，卡斯特当机立断，迅速带着骑兵冲下山头，缴获了10门火炮。等皮克特的步兵们反应过来，卡斯特早已带着骑兵扬长而去。这个少年将军并不是莽夫，他不想用骑兵冲击对方阵地白白送死，而是选择等待联邦步兵赶来。

看到联邦骑兵之后，邦联军首先命戈登部队掩护辎重车队，沿着小道撤到詹姆斯顿大路上。当辎重车队与主力部队脱离后，尤厄尔将军下令原地坚守。他把下属的4000余人带到小塞勒溪对岸的小山头上，之后将他们排成朝向东北方向的半圆形阵线，其中 G. W. C. 李的师在左侧，图克带来的海军步兵在其身后，克肖的师在右侧。布置妥当之后，尤厄尔与安德森会面，讨论下一步是主动出击，击败面前的联邦骑兵；还是跟在辎重车队与戈登之后，走小路穿过丛林撤退到法姆维尔。正当他们争辩时，第6军的步兵们出现在了尤厄尔部队后方：惠顿第1师居左，西摩尔第3师居右，盖蒂第2师殿后；梅里特的3个骑兵师，则将目标锁定在已经布设好阵地的安德森部队。由于卡斯特已经拖走胡格尔的火炮，而该部其他重装备也被辎重车队拉走，所以当联邦3个炮兵连对其狂轰滥炸时，安德森军毫无还手之力。炮击足足进行了半个小时，硝烟散尽之后，惠顿步兵师驱散了尤厄尔的散兵，并挥舞着白手帕召唤对手投降。在过小塞勒溪时，泥沼给第6军惠顿步兵师带来了不少麻烦。当他们渡过河在岸边重整队伍时，尤厄尔的部队从胸墙后探出头来，向他们开枪射击。西摩尔准将在战报中提到："邦联的海军步兵十分坚韧，而弟兄们由于在过河时出现了混乱，因此在第一时间就被赶了回来。"旗开得胜之下，G. W. C. 李的部队甚至主动冲出工事，与联邦军展开肉搏，他们用刺刀、枪托杀死对手，甚至用牙齿撕咬对方的喉咙、鼻子与耳朵，双方如同野兽一样在地上滚来滚去。一些联邦士兵惊骇之下，仓皇逃回了溪对岸。联邦军的第一次攻击，除了造成己方300多人死伤外毫无所获，幸好有炮手持续用火炮射击，才迫使邦联军撤回他们的阵地。

▲ 在小塞勒溪战斗中，双方步兵展开了肉搏。图左远处可见联邦骑兵已从邦联阵线后方杀了过来

　　在赖特的部队遭到顽强抵抗的同时，梅里特命克鲁克从右翼包抄，其他 2 个骑兵师则从正面突击。克鲁克的骑兵下马冲锋，迫使约翰森的部队后撤，而卡斯特则冲垮了皮克特的部队，无数邦联步兵向丛林和怀斯车站方向逃跑。解决了皮克特之后，卡斯特继续向右席卷，攻击尤厄尔的后方。赖特也与之配合发起了第二波进攻，腹背受敌的尤厄尔军彻底崩溃。又是图克的海军步兵战斗到了最后，在被四面包围的情况下，经过联邦军官数次劝说，他们最终放下了武器。

　　这一天被称作"邦联的黑色星期三"。尤厄尔的 3600 名士兵中，超过 3200人成了俘虏，其中包括尤厄尔、克肖等将领以及李将军的长子 G. W. C. 李；而安德森的 6300 名官兵中，总共有 2600 人阵亡、负伤或成为俘虏。4 天之前刚夺得一枚荣誉勋章的托马斯·卡斯特，此战再次冲入敌军阵中，结果在被敌人包围、面部中枪落马的情况下，依然用左轮枪击毙对方旗手，再夺敌旗一面。最后还是在兄长的劝说下，他才放弃更换战马继续作战的打算，回到野战医院包扎。托马斯·卡

▲ 在小塞勒溪战斗中，大批邦联士兵被俘

斯特也凭此战功，成为美军历史上首位获得两枚荣誉勋章的勇士。

　　在第6军与谢里登骑兵围歼安德森与尤厄尔部队的同时，陶比连准将率领第2军第3师的步兵，全力追击沿着詹姆斯顿大道逃窜的邦联辎重车队。护送车队的戈登师在"鲁尼"的协助下，以400人被俘、1面团旗被缴获为代价，才勉强挡住了对手。接下来双方大小战斗持续不断，一直打到大塞勒溪与小塞勒溪交汇处的桥边。此时，"鲁尼"的骑兵又接到了新的任务——保卫高桥，于是孤零零地留下了戈登师；更严重的是，大车陷在泥沼里堵成一团，邦联军不得不另组第二道防线。在联邦第2军的攻击下，戈登决定放弃辎重，撤到河对岸的高地上。夜幕降临后，很多邦联士兵向北军投降，其他人则向法姆维尔撤退，根据戈登的报告，"许多人把枪也丢掉了"。此役，联邦军共抓获1700名俘虏，缴获13面团旗、3门火炮、超过300辆辎重马车以及70多辆救护车。战斗结束后，疲惫不堪的联邦第2军就地扎营，附近詹姆斯·洛克特的农庄被征用为野战医院。这一系列战斗，被总称为"小塞勒溪战役"，乃是弗吉尼亚州最后一场大规模血战，李总共损失了包括8位将领在内的7700名官兵，占此时北弗吉尼亚军团总人数的1/5，而联邦军损失最大的军——第6军，也不过损失了440名官兵。

　　当枪炮声逐渐消退时，李急切地想知道后卫部队的情况，于是与马洪师一起赶到了战场附近。当看到安德森的残兵们三三两两、互相搀扶，用步枪作拐杖，一瘸一拐、表情麻木地向他涌来时，他不禁惊呼道："上帝啊，我的军队瓦解了吗？"马洪回应道："不，将军，这些将士们随时准备待命。"李悲凉地回应道："是的，还是有一些将士尚存……你能收容他们么？"

谢里登大胜之后，给格兰特去了一封信，信中说："倘若再努一把力，李就会投降。"当信交给锡蒂波因特的林肯时，后者回应道："那就再接再厉。"

李将安德森残余的部队交给了马洪后，要求他趁着夜色，率军通过高桥。戈登倘若逃脱联邦军的追击，也将如此行事。待二人率军通过高桥后，就把高桥与附近的木桥一把火烧掉。返回怀斯车站的司令部后，李收到了戴维斯总统的电报，询问他是否有明确的目标和计划，李回复："没有，我们的行动只能依照事态发展而定，再有几场类似塞勒溪的悲剧，我们就全完了。"

眼下，最要紧的就是让吃了几天炒玉米的大兵们，尽快吃一顿像样的饭。李命令朗斯特里特麾下瘦骨嶙峋的士兵打起精神，再一次夜间行军，等他们抵达法姆维尔，吃完运送到那里的口粮之后，就从高桥东北4英里处的另一座铁路桥过河，之后将桥破坏，联邦军就望尘莫及了。随后他们将赶往阿波马托克斯车站，按照安排，另一份军粮补给将在那里等着他们。

4月7日大早，受到口粮诱惑的邦联军一鼓作气，行军至阿波马托克斯河边的法姆维尔。这次他们终于没有失望，在火车厢里有4万份面包和8万份腌肉静静地等着他们，更为给力的是，小伙子们还翻到了整只火腿和锡纸包着的法国速溶汤包。饿了好几天的士兵们终于大快朵颐，痛痛快快地饱餐了一顿。当然，李也知道，下一顿饱饭不知道何时才能吃到，他也顾不上那么多了，在当地的一个烟草富商家中，安稳地睡了一觉。当他醒来后，朗斯特里特的炮兵指挥官亚历山大准将提醒他，有两条抵达阿波马托克斯车站的路线，其中在河南岸沿着与南线铁路平行的大道行军，比过河之后沿新店—阿波马托克斯县府一线行军要近足足8英里，而且过河后格兰特很可能通过步行者教堂或者潘普林车站抄近道堵住他们。但李并未听取他的意见，执意过河。

小塞勒溪战役结束后的第二天，一大早，联邦军就启程继续追歼敌人。双方又一次将目标锁定在高桥，但作战目的与一天前恰好相反——邦联军要破坏桥梁，而联邦军却要尽力阻止他们。安德森将军抵达高桥后，下令在桥的两端埋设炸药，并要求闲杂人等不得靠近。马洪部赶到后要求过桥，但遭到拒绝，双方僵持很久之后安德森才承认其命令引发了误会。随后，安德森又想由朗斯特里特部引爆炸药，但后者的行军路线不经过该桥，未能执行。7日上午，联邦第2军第19缅因团的散兵已经逼近高桥，戈登终于下令将桥烧掉。眼看熊熊烈火逐渐将宏伟的大桥吞噬，缅因团的士兵们跳了上去，浇水将火熄灭。最终，这座大桥由于部分坍塌而暂时无法使用，但米尔斯第2师夺取了高桥附近的木桥。米尔斯师与陶比连师从木桥过河后，继续追击沿着詹姆斯敦大道撤退的马洪部队。由于过于靠近敌人，米尔斯师第3旅旅长托马斯·史密斯准将被狙击手击中头部阵亡。联邦军一直追到法姆维尔对岸方才停下脚步，一路上到处是邦联军丢弃的燃烧的辎重车。

相比马洪等人破坏高桥时的优柔寡断，奉朗斯特里特之命炸毁法姆维尔镇桥的亚历山大准将，下手又过快了。曼福德与罗瑟的骑兵以及菲尔德师的一个旅都没来得及过河，他们只能继续向上游行进，寻找渡河浅滩。渡过阿波马托克斯河的南军，则在坎伯兰高地上架设炮兵阵地，轰击对岸接近法姆维尔的第6军。而带着3500名士兵的马洪，从高桥逃至坎伯兰教堂附近后，得到了掩护车队撤离的任务。马洪命令部下就地挖掘堑壕，修建胸墙。控制了附近的高地后，博阿格炮兵中队的16门火炮布置在马洪阵线右侧，为其提供火力支援。随后，李的军团主力从坎伯兰高地后撤数英里，向马洪部靠拢。朗斯特里特与戈登在马洪阵线右侧列阵，F. 李的骑兵则保护马洪的左翼。这样，邦联军形成了沿着山脊，面向东面与北面的"鱼钩"形防线，坎伯兰教堂位于阵线中央后方。

汉弗莱斯率第2军抵达后，发现其作战对象不是马洪的一个残师，而是整个北弗吉尼亚军团！他不得不向军团司令米德要求增援，根据他的设想，第2军将从正面进攻马洪的防线，而赖特第6军则从法姆维尔过河，从后方夹击敌人。但是，汉弗莱斯与米德都不知道，由于亚历山大已经烧毁了法姆维尔镇的河桥，步兵无法徒涉暴涨的河水，因此这一计划根本无法实现。4月7日下午4点15分左右，听到法姆维尔方向的炮声后，汉弗莱斯误以为第6军已经开始强渡，便下令进攻。米尔斯师斯科特旅的士兵们给步枪插上了雪亮的刺刀，向对方阵线发起仰攻，结果遭到铺天盖地的火力打击，冰雹一般的葡萄弹将他们成片扫倒。为数不多的勇士虽然冲到了对方的工事前，但也终因精疲力竭而被轻易俘虏，新罕布什尔第5团的团旗也被邦联军夺走。有些人试图绕到马洪阵线背后，但是被朗斯特里特派去支援的佐治亚人击退。马洪在简报里夸耀，其部下"潇洒"地击退了对手两次攻势，对手得到严惩，而己方损失微乎其微。

其实，汉弗莱斯听到的隆隆炮声来自克鲁克的骑兵。他们在法姆维尔西北发现了一处可供骑兵涉水过河的浅滩，当他们渡过阿波马托克斯河后，察觉到教堂西南方向有一队敌方的辎重车正在缓缓驶向阿波马托克斯车站，而负责护卫的不过是安德森、皮克特等人的散兵游勇。克鲁克自然不会放过这条大鱼，他命令第2骑兵旅旅长格雷格率宾夕法尼亚第4骑兵团，在师属炮兵连的支援下，围捕这些待宰的羔羊。当这些宾夕法尼亚男孩欢快地冲过去时，却遭到过河不久、下马作战的曼福德与罗瑟部骑兵的痛击，格雷格旅长被活捉，联邦骑兵惊慌失措，纷纷逃窜。据邦联士兵回忆，这位旅长"服饰是如此华丽，周边衣衫褴褛的邦联士兵对他赞叹不已"。克鲁克麾下的萨缪尔·杨上校稳住了阵脚，等到支援的骑兵与火炮后，又重新组织了进攻，这一次他们的对手是戈登派来的刘易斯的北卡罗来纳步兵旅。一番血战之后，刘易斯重伤被俘。李将军的司令部正好设在附近，目睹英勇的将士一个个倒在枪林弹雨中，年近花甲的李将军一时热血上涌，想亲自率部下冲锋挽回败局，即使为他逐渐破灭的理想与事业殉道也在所不惜。部下不忍他们敬爱的统帅亲临战火，纷纷哀求道："不，您后退一步，我们替您消灭他们！"南方健儿三军用命，终于将克鲁克的骑兵赶回了河对岸，北弗吉尼亚军团的生命再一次得到延续。

在得知第2军与整个北弗吉尼亚军团交火后，联邦军总司令格兰特中将亲临法姆维尔督战。他将司令部设在爱德华王子宾馆，希望在这里，见证北弗吉尼亚军团、李将军与邦联合众国的最终结局。4月7日下午5点，他向李写信道：

依过去一周的战斗结果，您很清楚北弗吉尼亚军团即使继续抵抗下去，获胜的希望依旧渺茫。从个人角度讲，我有责任通过要求作为邦联军队主力的北弗吉尼亚军团投降，来制止接下来的流血牺牲。

格兰特的参谋威廉手持白旗，将这封信交到马洪军中。晚上9点半，李收到了信，他沉默地、一个字一个字地研读后，交给了身边的朗斯特里特，后者看了后，回应道："还不至此。"

深思熟虑后，李回信给格兰特，指出他并不认为邦联的事业已然无望，但赞同格兰特及时制止无谓牺牲的观点，随后还咨询了倘若投降，北方可以提供的条件。显然，这个老人坚强的心脏已经动摇了，但战争还在继续，他还得履行司令官的责任。李很清楚，明日联邦军主力部队必定过河，到那时就彻底完了。在回信给格兰特之后，他便向全军下令，于当晚11点离开阵地，继续向阿波马托克斯车站行军。军团在那里得到补给后，将西撤至坎贝尔县府，从此之后，就可以一路南行，直抵丹维尔了。他把部队分成两股——合并了第3军的朗斯特里特部队与接收安德森残兵的戈登部队，两部分开行军，F. 李的骑兵负责殿后。这样，李再一次，也是最后一次逃脱了格兰特的圈套。

　　当第2军与第6军从睡梦中醒来，发现对方阵地只剩下一些哨兵后，他们立即打起精神，继续追击。第2军负责追赶戈登部，第6军负责追赶朗斯特里特部。戈登的行军路线要比朗斯特里特稍短，因此他们率先抵达新店，并在长老会教堂附近筑起了阵地。等朗斯特里特赶到时，李将安德森与约翰森二人解职，或许是因为小塞勒溪战役后，他们手下的人马所剩无几，该建制已无存在必要。约翰森继续留在军中，但安德森则离开军队，径直向战争部长布雷肯里奇告状去了。

　　此时此刻，这支昔日战无不胜的百战雄师，已经被饥饿、疲惫、整日整夜的行军、缺乏睡眠折磨得痛苦不堪，只有最百折不挠的战士还在咬紧牙关，继续跟在军官身后摇摇晃晃、艰难而麻木地挪着脚步；一些斗志全消的士兵，则在走到离家不远的地方时，悄悄溜出队伍，返回家园去了。4月8日上午9点左右，在漫长的灰色队伍末尾，格兰特的信使送来了将军的第二封信。等信传到李的手里，已经是下午了。在信中，格兰特提到投降者必须放下武器，等待妥善安置；同时，他邀请李与其面谈投降之事。

　　下午4点左右，联邦第2军已经逼近新店，遥遥可望戈登的行军纵队；而最为可怕的是，正如亚历山大准将所料，格兰特已经派出休息了一天的谢里登骑兵军，抄小路直冲阿波马托克斯车站。谢里登成竹在胸，向格兰特保证道：

　　敌人走的应是河北边的大道，我将先行一步到达阿波马托克斯县府。

　　不久，格兰特回电：

　　我预感李将于今日投降。头天晚上我已经写信给他，在回信中他询问了投降

的条件。我们将继续逼迫他，直到他接受这些条件。

谢里登派去侦察的斥候，发现有4辆火车正从林奇堡驶向阿波马托克斯车站，里面毫无疑问是李急需的物资，谢里登立即将所有骑兵头领都动员起来寻找这些物资。克鲁克从法姆维尔顺着南线铁路奔驰8英里，最后在一个叫"前景车站"的地方停了下来——正如一个士兵揶揄的那样，"这里既没有车站，也没有前景"。扑空之后，他们回头向西北方向搜寻，最终在潘普林车站发现了3个车头、数节车皮以及整箱崭新的步枪。随后克鲁克得到谢里登的军令，前往阿波马托克斯车站与其他部队会合。得到25军一个黑人师增援的詹姆斯军团，也收到了同样的命令，士兵们快步走在大路两边，中间留给炮车、辎重车及救护车，紧随其后的是格里芬第5军。奥德兴高采烈地往返于队伍之间，大声给士兵们鼓劲，催促他们加快速度："飞毛腿可以打胜仗，伙计们！"

最早抵达阿波马托克斯车站的部队是卡斯特的骑兵师，他们几乎没有遭到任何抵抗便俘获了从林奇堡驶来的3辆运满补给的火车，第四辆火车的司机眼尖，在卡斯特的士兵在火车前方设置路障之前，果断发动机车逃之夭夭了。联邦骑兵们撬开车厢的门后，发现里面有30万份口粮，还有大量的制服、鞋子、毛毯及药品。士兵们将火车开到东面，这样，邦联好不容易为李调来的物资，大部分都落到了对手的手里。

4月8日下午2点多，由第3军炮兵指挥官R.L.沃克准将负责的运送火炮及辎重的车队，在加里骑兵旅的护送下，抵达阿波马托克斯县府附近。他们安营扎寨，准备稍事休息，不料联邦军早已等候多时，连警戒线都没来得及布设。正当炮手们畅想数日以来第一顿正式大餐时，忽然有人惊呼道："扬基佬！谢里登！""他们冲过来了！他们一直在车站，从山上冲了下来！"沃克准将迅速组织防御，他把加里下马作战的骑兵布置于两侧，并将30门火炮呈新月形排布在对着火车站的低矮山脊上，并给一些炮手分发了步枪，以作散兵；在他们的掩护下，另外30门火炮奉命向奥雷方向逃窜。

但是邦联阵地前方处处是树林与灌木丛，并不适合炮兵发挥威力，匆忙发射的邦联火炮甚至误伤了不少己方士兵。卡斯特第1旅旅长彭宁顿率先发起了数次进攻，但他的骑手穿行于丛林之中，被打散了队形，因此轻易被抵近发射的榴霰弹击退。接下来是凯普哈特的第3旅，他们的冲锋也未能奏效。晚上8点，卡斯特组织起了他整个师的骑手们，发动总攻。骑士们冒着霰弹，径直冲进敌军大营，将对手击溃，大批饿着肚子的炮手放弃了抵抗。谢里登的一个参谋说："这些饿肚子的炮兵没有胃口用打仗来代替晚饭，他们在违心迎战结果失败后，终于可以选择吃饭了。"卡斯特以118人伤亡的代价俘获了1000名士兵、25—30门火炮、200辆大车、5面战旗。不过，比起战斗胜利，更为重要的是，李通往林奇堡的退路已被彻底切断。

取胜之后，卡斯特派奥古斯都·鲁特中校侦察邦联军的动向。结果鲁特刚带着几个骑兵行至县政府前大街上，就被邦联军约翰森师的散兵游勇击毙——李的大部队即将到来。于是，卡斯特与随后赶来的德温、克鲁克等人忙活了整整一个晚上——搭设工事，清除射界，准备迎敌。

此时，李已经意识到，在他的前方与后方都有格兰特的人马。他把司令部设在距离县府1英里外的地方，并派斥候侦察前方是否只有谢里登的骑兵，倘若如此，那么他在黎明前还有突围出去、直奔林奇堡的希望；如果联邦步兵也赶到的话，那么就彻底完了，但李相信扬基佬的步兵行军速度不会如此之快。在斥候确认前方只有对手骑兵后，李将军便与朗斯特里特、戈登、F.李等人开了最后一次军事会议。

在会议上，李制定了突围计划：戈登与F.李将首先赶跑封锁西方里士满—林奇堡大道的联邦骑兵，随后步兵尽力保卫这一要道，保证辎重大车先行；如果他们遭到了联邦步兵部队的阻击，李向部下坦言，他"将手持白旗，接受唯一可选之路"——全军投降。李还特地询问戈登是否有信心突围，这位勇将实事求是地回答道："我的部队久经苦战，疲惫不堪，除非得到朗斯特里特的支援，否则我担心不能。"

正当李紧锣密鼓地制定计划，准备放手一搏时，格兰特正在里士满—林奇堡途中的一户人家休息。他犯了感冒，头疼得厉害，而患病的米德还在数英里外的救护车上躺着。4月8日半夜，副官将一封信交给格兰特，这是李主动写给格兰特的。在信中，李依然未明确表示投降，但是再一次询问投降条件，并对战后重建十分关心。4月9日早上，格兰特回信道：

在和平有关事宜上，我也无法提供权威答复。但是投降的条件，十分容易理解，只要南方人放下武器，将会极大地促成这个大家最瞩目事态的实现，拯救数万人的生命，数千万的财产将免受损失。

奥德与格里芬的步兵们继续一路强行军，在21小时内他们走了30英里。4月8日夜里，稍微喘了口气的他们又接到强行军的命令，要求立即向阿波马托克斯车站出发。指挥官们十分清楚，只要谢里登能够暂时顶住李的攻势，待到步兵及时赶去与骑兵会合，李将成为瓮中之鳖，至少弗吉尼亚州的战事将会结束。为了减轻负重，加快行军速度，他们把帆布背包腾空了。一名参加了此次奔袭的军官回忆道："行军任务十分的重，弟兄们拼尽全力，表现出了令人赞叹的坚韧，以及对疲惫与饥饿的忍耐。"

最后的致礼

4月9日，天刚蒙蒙亮，谢里登就命令全军布阵：克鲁克下辖的史密斯第3旅全体下马，横跨里士满—林奇堡大道布设防线；德温师布防于大道南边，史密斯的左侧。此时，对面的邦联军指挥官却陷入了争吵，F. 李与戈登在为究竟由步兵

▲ "鲁尼"的骑兵冲向了谢里登部队，紧随其后的是戈登的步兵

还是骑兵来主导攻势而争论不休。戈登帐下的格里姆师长等得不耐烦了，便私自下达了进攻的命令。

以 4000 名骑兵打头、5000 名步兵在后的邦联军，发出尖锐的"叛嚎"声，轻松地解决了散兵，俘获了对方的炮手，然后向着史密斯旅涌去。后者凭借手里射速飞快的斯宾塞卡宾枪拼死抵抗，一度压制了邦联军，让戈登怀疑对方远不止一个骑兵旅，但终归众寡悬殊，史密斯旅被迫后撤。随后克鲁克派出萨缪尔·杨的第 2 旅，以及暂归他指挥的第 25 军麦肯齐骑兵师（只有 1 个旅的规模）前去迎敌。麦肯齐率先抵达后，命令手下迅速在正在后撤的史密斯旅身后的高地构筑另一道防线。F. 李见状，命令堂弟"鲁尼"率骑兵从侧面穿插联邦阵地，冲散麦肯齐所部。萨缪尔·杨的骑兵随后也赶到了战场，双方展开了激烈的角逐，来自宾夕法尼亚第 4 骑兵团 L 连的多纳尔逊军士夺取了弗吉尼亚第 14 团的战旗，这也是整个南北战争期间，联邦军在战斗中夺取的最后一面战旗。

正当李与克鲁克的下马骑兵陷入生死搏斗时，戈登的步兵从骑兵的后方杀了过来，一直攻到里士满—林奇堡大道南面。到目前为止，李的计划一切顺利。戈登十分得意，让信使告诉李，通往坎贝尔县府的大道已经被打通，并下令士兵放下手中的武器，暂时休息。现在，只有格里姆师的北卡罗来纳旅的阵线面对西面，而奥德的步兵，恰恰是从这个方向赶来。

就在克鲁克勉力支撑，其阵线摇摇欲坠之时，在战场西南方向的树林间，终于出现了詹姆斯军团第 24、第 25 军的战旗。在约翰·吉本少将的指挥下，该军团很快排成战斗队形，将势头正猛的南方人堵住。接踵而至的是卡斯特骑兵师引领的波托马克军团第 5 军，他们顶替了德温骑兵师的位置；德温也率部下上马，与卡斯特汇成一路。邦联军的步兵试图组织反击，但被对方轻易打退。看到终于赶来的步兵兄弟，苦战许久的骑兵军官对手下喊道："接着干吧，孩子们！看，我们的步兵来了，他们黑白交错，如同棋盘一样。"邦联军意识到，他们的逃生之路已经彻底被联邦军切断了，不得不各奔出路。曼福德与罗瑟的骑兵毕竟马快，他们不想投降，一路狂奔到林奇堡；而戈登的步兵则没有那么好命，前方有格里芬第 5 军，右面是卡斯特与德温骑兵队，戈登不得不带着败兵穿过阿波马托克斯县府，退回本方阵中。

现在，李的西侧是詹姆斯军团，西南侧是格里芬第5军与谢里登骑兵部队，而在新望教堂后方，汉弗莱斯第2军与赖特第6军逼近了朗斯特里特的阵地，封锁住了李的东北侧，唯一的逃跑路线只剩下西北方，但这一方向几乎没有大道，而且还有鲜有桥梁的詹姆斯河阻挡。李明白，除了向格兰特投降，别无选择。他的部将，包括朗斯特里特也同意投降。只有年轻气盛的亚历山大建议部队就地解散，躲在树林里进行游击战，但李作为一个传统的老军人，断然拒绝了这种建议，而且他也听闻西部的匡特里尔、"嗜血比尔"安德森等人的游击队烧杀抢掠，声名狼藉。他说：

倘若我采纳你的建议，命令军队解散，各自回家，他们将既没有口粮，也难以维持纪律。由于战争持续了四年，他们士气低落，不得不依靠烧杀抢掠获得补给。这样国土上将到处是无法无天的匪帮，社会秩序需要数年方能恢复。而敌军骑兵将会追捕战犯，顺路踩蹿、破坏他们从未到过的地方。你们这些年轻人接受得了打游击战，但对我个人来说，唯一妥善且庄严的出路就是亲自去投降，承担应得的结果。

当看到标志投降的白旗穿过邦联阵线，联邦军中的奥德、吉本、格里芬等将军骑马出阵，赶到县府，与在那里的朗斯特里特、戈登、赫斯等人会面。此时整个战场气氛依然剑拔弩张，十分紧张。联邦军很多军官怀疑李是诈降，不愿意接受投降，谢里登甚至叫嚣，只要格兰特一声令下，5分钟就可以结束战斗。而邦联这边，即使上下一致同意投降，但对于这些为了家园、文化、理念厮杀数年，无数手足忠魂埋骨他乡的忠勇军人来说，俯首认输也着实难以接受。李痛苦地说："我们所能做的只有去见格兰特将军。我宁愿死一千次。"朗斯特里特对前去谈判的李说："将军，如果他们给出的条件不令人满意，那么请您回来，我们杀出去。"

停火的命令伴随着手持白旗的信使在阵线上传开，但在4月9日上午11点之前，战斗依旧在继续，伤亡不断发生。在最后的交火中，宾夕法尼亚第155步兵团的列兵蒙哥马利，作为散兵向敌方阵线渗透，结果被一发炮弹击中，19天之后，结束了年仅19岁的生命；而张伯伦的旅，遭到对手猛烈炮击，纽约第185团的希莱姆·克拉克中尉不幸成为在弗吉尼亚的战斗中阵亡的最后一名军官。大战即将结束，搏杀却依然残酷，在最后的两场战斗中，双方共死伤2000余人。

在谢里登的对面，加里的骑兵们全部下马，作为步兵来维持阵线，等待卡斯特的雷霆重击。号手西森回忆道：

我们慢慢向前，轻松驱走敌兵散兵线后，逐渐向李的辎重车队靠拢，但实际上我们已经与主力脱离。正当我吹响冲锋号时，戈登将军的两名副官手持白旗跑了过来，制止了我们，我们才知道战争已经结束了。

▲ 麦克莱恩的别墅旧址

邦联的一名副官奔向对面的卡斯特阵中，卡斯特下令暂缓攻击，但趾高气扬地说："我们不谈条件，唯有无条件投降。如今我军已经抄了你军后路，你们的存亡完全取决于我们慈悲与否。"

当天早些时候，李收到格兰特的回信，要求他尽快投降。李十分焦急，为了尽快面见格兰特，他连发两封信件，希望至少一封被格兰特立刻收到，其中一份被投递到了汉弗莱斯的散兵手中，另一份一模一样的信则被投递给了谢里登的骑兵。这两封信上写道：

阁下来信早晨已在哨兵线收到，我已到此恭候，希望进一步明确一下你昨天提议中有关我军投降的条件。现请求与你见面，就昨日你来信中的提议进行详谈。

4月9日11点50分，还在被感冒折磨的格兰特，收到了汉弗莱斯副官送来的信。此时他距离阿波马托克斯县府还有5英里，当他看完信后，头疼立马好了。格兰特下马，迅速回信，告诉李他正在路上，马上就到。

大局已定，李将军让他的副官查尔斯·马歇尔中校在县府附近寻觅一间比较体面的房子，作为投降的场所。威尔莫·麦克莱恩慷慨地将他的别墅借给了马歇尔。有意思的是，战争爆发的时候，麦克莱恩一家居住在马纳萨斯，在那里，他见证了双方第一次大规模会战。自此战起，双方每战必血流漂杵，尸横遍野，直至超过百万人死于内战。为了逃避战乱，麦克莱恩不得不举家搬到阿波马托克斯，没想到4年之后，他又亲眼见证了战争的结束。所以历史学家调侃道："战争于1861年在他家后院开始，于1865年在他家客厅结束。"

身高 6 英尺的罗伯特·李，身穿崭新华丽的蓝灰色翻领军礼服，腰佩镶有宝石的昂贵宝剑，灰白色头发与胡须梳理得一丝不苟，犹如老骑士一般优雅地踏入别墅之后，便在客厅等待格兰特的到来。下午 1 点，格兰特在谢里登、奥德、总统之子罗伯特·林肯上尉等 12 名军官的陪同下，进入房中。这位战争的最终胜利者，显然事先没有准备，只穿了一件沾有泥点的士兵常服，靴子上也全是泥，加上感冒未愈，略显疲惫，看起来邋里邋遢，唯有肩章上的三颗星能够表明其身份，与衣着华丽、相貌堂堂的李将军形成鲜明对比。对此，后世别有用心者单纯将李刻画成完美的失败英雄，而格兰特则成了小人得志的小丑角色。事实上，格兰特不顾染病与仪表匆匆赶来，唯一目的即是尽快与李会面，结束这场战争，他知道哪怕为了繁缛细节耽搁几秒钟，都会有双方将士无谓地付出宝贵的生命。

　　二人都不是健谈之人，因此只能从双方上一次共同参加的战争——墨西哥战

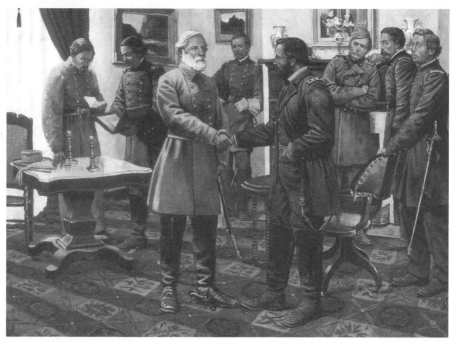

▲ 投降仪式上的罗伯特·李与格兰特

▲ "最后的致礼"

争中寻找话题。事实上，由于格兰特比李小了足足 15 岁，两人出身与军衔又悬殊，因此交集并不多。闲聊一会儿后，李提醒格兰特投降的事，并认为把投降的条件呈到书面上比较妥当。于是格兰特叫来了秘书帕克做记录，其中主要内容包括：

1. 所有投降军官与士兵的名单一式两份，双方各执一份。

2. 所有军官宣誓不再武装反抗联邦政府，连长或营长代替手下士兵宣誓。

3. 武器、大炮、公共财产收归一处，等待联邦军接收，军官可以带走随身佩带的武器与私有马匹、行李。

4. 履行上述手续之后，即可返回家园，只要忠于誓言，遵守居住地现行法律，他们将不受合众国政府骚扰。

随后李指出，在邦联军队里，骑兵和炮兵的马匹都是士兵自备的，可否认为所有拥有马匹的人均可予以保留。格兰特首先声明不能如此解释，但接下来他说，考虑到邦联军大部分官兵都是农民，为了让一家老小熬过冬天，他允许每一个拥有骡马的人可以带着牲口回家。李对格兰特的宽宏大量表示感谢。

两位将军谈得差不多，就要告别的时候，李将军提到他的部队好长时间未能吃饱饭了，为此请求格兰特帮忙。由于涉及口粮的发放数量，格兰特第一次向李询问眼下北弗吉尼亚军团的兵力。由于北弗吉尼亚军团一路且战且退，死、伤、被俘、开小差的士兵不计其数，参谋们自然也没有闲暇精确统计，因此李一时也没法准确回答，只能答道大概有 2.5 万人，于是格兰特将在阿波马托克斯车站缴获的口粮如数奉还。

协议签署后，李回到军中，向浴血奋战 4 年之久的将士们告别。而当格兰特回到大营时，战士们开始鸣放礼炮庆祝胜利，但格兰特立即发话停止放炮，因为邦联士兵现在已经重新成为同胞，不能因为他们的失败而欣喜若狂。第二天（4 月 10 日）一大早，在细雨之中，格兰特特地赶到南军阵前拜访李将军，试图说服这位邦联军总司令，凭借他的地位与威望下令所有的邦联军队投降，但是李委婉地表示拒绝，格兰特也就不再强人所难。

格兰特任命吉本、梅里特、格里芬负责投降的具体事宜，而李则安排朗斯特里特、戈登、彭得顿[①]与之对接。尽管邦联方面并不情愿，但是联邦军依然要求于 11 日举行一个正式的投降仪式。格里芬将军推举了一位众望所归的人来主持此次仪式，他就是小圆顶的英雄，参加过 20 余次大小战役，4 次因作战英勇而得到提拔，战马被 6 次击倒，本人也曾 6 次受伤的传奇人物——约书亚·张伯伦准将。

仪式开始于早上 6 点，当心思凝重、面色阴沉的戈登少将，以闻名天下的"石墙旅"老兵领队，率北弗吉尼亚军团全军上交武器与旗帜时，张伯伦亲率所有参加仪式的官兵列在道路两边，向这些拥有同种样貌，说着同种语言，却由于身穿不同的制服，生在不同制度的各州，而厮杀 4 年的仇敌、同胞、兄弟行持枪礼。戈登也抽出雪亮的指挥刀，回以撒刀礼[②]，同时下令士兵们在通过受降队伍时，务

---

① 北弗吉尼亚军团军需长官。
② 撒刀礼，即刀尖向下，指向靴尖，原意为：我已放下武器，请您过来。不过现在一般表示欢迎。

必回礼。后来戈登回忆说，张伯伦是他见过的联邦军中最有骑士风度的战士。

　　大约 27950 名邦联战士最后一次把刺刀固定在枪口上，然后捆扎成金字塔状，子弹盒与武装带也挂在枪垛上。在长达 7 小时的受降仪式上，没有鼓点与号声，没有欢呼声，只有令人敬畏的寂静，以及士兵们整理武器时发出的碰撞声。很多士兵目睹此景，禁不住泪流满面。一些人不愿交出他们心爱的战旗，偷偷将战旗焚毁，或者裹在衣服里面带回了家。随后，这些解甲投降的邦联战士，正式结束了为他们的反动事业而背负的战斗使命，踏上了回家的旅程。

参考文献

[1]　（美）卡尔·桑德堡. 林肯传 [M]. 云京, 译. 北京：生活·读书·新知三联书店,1978.

[2]　（美）詹姆斯·M. 麦克弗森. 火的考验：美国内战及重建 [M]. 陈文娟, 等, 译. 北京：商务印书馆,1993.

[3]　（美）尤利西斯·辛普森·格兰特. 格兰特将军回忆录 [M]. 王宗华, 等, 译. 上海：上海大学出版社,2009.

[4]　（美）T.N. 杜派, R.E. 杜派. 世界军事历史全书 [M]. 传海, 等, 译. 北京：中国友谊出版公司,1998.

[5]　（美）杰弗里·帕克, 等. 剑桥插图战争史 [M]. 傅景川, 译. 济南：山东画报出版社,2004.

[6] Ron Field, Adam Hook. *Appomattox 1865: Lee's last campaign*[M]. Oxford:Osprey Publishing,2015.

[7] Ron Field, Peter Dennis. *Petersburg 1864–65: The longest siege* [M]. Oxford:Osprey Publishing,2014.

[8] William C.Davis. *An Honorable Defeat: The Last Days of the Confederate Government*[M]. San Diego:Harcourt,2002.

[9] Joshua Lawrence Chamberlain. *The Passing of the Armies: An Account of the Final Campaign of the Army of the Potomac*[M]. New York:Skyhorse Publishing,2013.

明末西南边界冲突

东吁王朝崛起与万历明缅战争

作者 / 董振宇

滇云一隅之地，著于唐虞，历于三代，通于秦、汉，乱于唐，弃于宋，启于元，盛于明。然亦困于明，极坏于明，不可收拾于明。

——（清）倪蜕《滇云历年传》

中缅关系，源远流长

缅甸是中南半岛上幅员最大的国家，其与中国之间的交流与联系粗略算来也有近两千年的历史。汉明帝永平十二年（69年），哀牢国内附，汉以其地置哀牢、博南二县，合益州六县为永昌郡（治今云南省保山市）。此后，"永昌徼外夷"[①]开始见于史籍，所指的正是缅北地区的部落或国家，而这之中又以掸国与中国往来最为频繁，曾三次遣使入贡。

到了魏晋南北朝时期，发源于伊洛瓦底江流域的骠国国力强大，最终灭掉了掸国。唐贞元十八年（802年），骠国国王雍羌在南诏王异牟寻的引荐下，遣子舒难陀率乐队入长安，献其国乐。

据《新唐书·骠国传》记载，骠国"地长三千里，广五千里"，有"城镇九、部落二百九十八、属国十八"，可以说幅员辽阔。但骠国并不单是骠人之国，而是一个隶属关系松散，有许多属国、部落的联盟国家。在这许多部落中，就有缅人部落，他们主要分布在以蒲甘为中心的缅甸中部地区。

唐太和六年（832年），南诏军队"劫掠骠国，虏其众三千余人"，给了骠国致命一击。自此之后，联盟的领导权就逐渐转移到了缅人身上。

缅人所建的蒲甘王朝，据《琉璃宫史》记载，约始于东汉时期，传说萨牟陀梨在永录岛（蒲甘地区）立国，之后一统19个村落建立蒲甘王朝。不过一般研究认为，缅历221年（849年）彬比亚建蒲甘城才是蒲甘王朝诞生之始。王朝最初极不稳定，充斥着夺位斗争和权力更迭，这种情形一直延续到缅历406年（1044年）阿奴律陀刺死须迦蒂登基为王。

阿奴律陀一生戎马倥偬，南征直通（孟人古国），西伐阿拉干（若开），成

[①] "徼外夷"指游离在汉政权实际控制区外的部落。

▲ 阿奴律陀像

为缅甸史上第一个将上下缅甸大部分地区纳入统治的国王。在统一缅甸后不久，阿奴律陀亲自率领全国兵马到妙香国（大理国）奉迎佛牙，但未能成功，只带回了大理王赠送的碧玉佛像。不过阿奴律陀此行并非毫无收获，他把蒲甘王朝的影响力扩大到了与掸邦（掸族地区）交接的地区，在杰沙、太公、曼德勒、八莫等地建筑了43处要塞。

此事我国史籍未见记述，不过或许正是由于此事影响，宋崇宁五年（1106年），蒲甘王朝遣使入贡时，尚书省认为"今蒲甘乃大国王，不可下视附庸小国"，由此得到大国使节的礼遇。

总体来说，中缅之间的联系虽始于汉代，但由于山川阻隔，加上云南又相继诞生了南诏、大理等地方政权，除少数几次使节往返外，双方交流受到种种限制。不过在蒙元征服大理国，于边地设立金齿安抚司使双方接壤以后，情况发生了翻天覆地的变化。随着数次用兵缅甸，元朝将缅北收入囊中，设立了缅中行省。中缅联系空前密切起来，其产生的影响巨大而深远，非之前的历朝历代可比，可以说开启了一个新的时期。

蒲甘灭亡，阿瓦内附

明洪武四年（1371年），朱元璋听闻云南西南有一个强盛的国家缅国，曾通贡于元，便派遣田俨、程斗南、张祎、钱允恭出使缅甸。当时云南还在元梁王把匝剌瓦尔密的控制之下，使者无法通过滇缅古道，只好借道安南（越南），但却赶上了占城北伐，道路不通，留在安南两年多也没能到达缅甸。

洪武十四年（1381年）九月，朱元璋命傅友德为征南将军，蓝玉、沐英为左、右副将军，率军 30 万一统云南。十二月，把匝剌瓦尔密自杀。翌年闰二月，明军攻克大理段氏，又"分兵徇鹤庆、丽江、金齿，俱下"，云南悉平。洪武二十一年（1388年）三月，沐英率明军"骁骑三万"与大举入寇定边"号三十万，象百余只"的麓川[1]军对垒并展开决战，最终明军大获全胜，云南边境得以安定。

麓川纳贡请降后，朱元璋开始在云南西部边地设置卫所，并完善元代以来的土司承袭制度，意图削弱麓川等边地土司的独立倾向。但麓川没有停止扩张的步伐，依旧外侵缅甸等地，缅甸于是主动寻求明帝国的庇护。

此时的缅甸进入了一个分裂时期。

元至元十四年（1277年）三月，蒲甘王朝为争夺金齿地区，派兵进攻干额（干崖），元缅战争爆发。随后，元军入侵蒲甘，加剧了蒲甘王朝的衰亡。哈威(Godfrey Eric Harvey)在《缅甸史》中说："于是蒲甘乃于鞑靼征骑之血腥火影下灭亡，辽阔之疆域，四分五裂……"不过实际上，在元军入侵之前，蒲甘君王那罗梯诃波蒂的统治就已处于风雨飘摇之中。

那罗梯诃波蒂在《弥伽罗塔碑铭》中曾狂妄地自称"三千六百万胜兵之最高统帅，日吞咖喱三百碟"。前半句明显夸张，后半句却有真实的影子，《琉璃宫史》记载，那罗梯诃波蒂每餐必备足 300 种菜肴才进餐，而且他还有妃子宫女 3000 人，可见其穷奢极欲。

那罗梯诃波蒂初登位时，北方掸人势力已开始崛起，西方阿拉干的密察吉里、南方港口的马都八（莫塔马）亦相继叛乱。乱事虽被首相耶娑梯犍平定，但蒲甘的国力已大为受损。那罗梯诃波蒂不顾国困民穷，依然大肆征发民力修建弥伽罗塔，当时流传着一句谶语："宝塔建成，国化灰烬。"此塔现今仍存，哈威曾评论说："此塔……与缅甸各地之普通宝塔无异，极为平凡。其做工之粗劣，足以显示国家之贫穷，此塔盖以黎民血汗所成者也。二百年来，蒲甘之民，忠诚笃信，欲使地而尽为宝塔所盖罩，今乃消逝于喃喃祷诵声中矣。"

最终，那罗梯诃波蒂在元军攻势下惶恐逃窜，后人称他为"德由别敏"，意即"畏

---

① 麓川，元末崛起于金齿地区，是傣族先民在云贵高原西南部、缅甸中北部建立的政权，又称"百夷"。

▲ 弥伽罗塔

华人而逃之君"。同一时期，孟人伐丽流在素可泰王国的支持下正式在马都八称王，宣告独立。

　　一路南逃到卑谬西边莱甲的那罗梯河波蒂，害怕元军继续南下，便派出高僧信第达巴茂克前往大都，与忽必烈进行和谈，之后元缅关系趋于缓和。但在返回蒲甘的途中，那罗梯河波蒂被其子梯河都围困于卑谬码头，并被迫服毒自杀。

　　梯河都弑父后，不敢北上，率军直取其兄乌沙那治下的勃生。乌沙那卧病在床，被梯河都乱刀斩杀。之后，梯河都又率军攻其弟憍苴治下的达拉，屡攻不克，于是转攻白古（勃固）。白古守臣鄂勃孟已然宣称独立，与妻子儿女站在城头大声辱骂梯河都。梯河都大怒，弯弓搭箭射向城头，但据说因为用力过猛，被箭反射而亡。

　　梯河都死后，众臣拥立憍苴为王。此时，各地诸侯纷纷反叛，蒲甘王朝实际上已经名存实亡。

　　大约在蒲甘建国初期，掸族便开始渐渐南移，不断入侵蒲甘地区，并以一种不同寻常的方式成为此地新的统治者。

掸邦高原有一土司，死后二子不和，弟弟逃到缅甸掸族聚居的木连城，娶了当地缅人富绅的女儿，生三子一女，三个儿子被他送到那罗梯诃波蒂那里当了侍卫。那罗梯诃波蒂极为宠信三兄弟，赏赐给他们许多土地，还让儿子梯诃都娶了他们的妹妹。

梯诃都弑父后，掸人三兄弟趁局势混乱，拥兵自重。老大阿散哥也占据木连城，老二阿剌者僧伽蓝占据米加耶，老三僧哥速占据宾里。三城皆为皎克西富饶的产米之区，阿奴律陀王曾于此处兴修水利，传说得此地者可在上缅甸称王。

憍苴即位后，奈何三兄弟不得，于是只能向现实妥协，将这些地区赐给他们作为封地，但他渐不甘心当傀儡，转而寻求元朝支持。野心勃勃的掸人三兄弟知道憍苴想要巩固地位必要削弱他们的权力，于是在元朝使臣宣诏时不至，还在蒲甘打劫前往元朝的登笼国使者，企图嫁祸憍苴，离间双方关系。

在发现离间无效后，他们又与遭到冷落的前王遗孀修妃合谋，诱憍苴至木连城参观寺庙。待憍苴到达木连城后，三兄弟就把他监禁起来，强迫他削发为僧，并改立憍苴幼子邹聂为王。

蒲甘王室遗臣立即向元朝求援，元军再入缅甸。元军围攻木连城时，掸人三兄弟弑憍苴，并重贿元军将领[1]。元军将领高庆、察罕不花等收到好处后，借口瘴疫流行退兵而还。此后，蒲甘邹聂一系虽然延续了两代 68 年，但地位仅类似于一方小诸侯了。

元大德五年（1301 年）二月二十九日元军撤离后，三兄弟同时称王。5 年后，阿剌者僧伽蓝去世；又 5 年，僧哥速毒杀阿散哥也，吞并两位兄弟的势力。缅历674 年 12 月 15 日（1313 年 2 月 9 日），僧哥速在阿瓦附近的彬牙兴建"金宫"。"金宫"落成之日，僧哥速举行灌顶加冕礼，并邀请修妃前来观礼，就此开创彬牙王国。

僧哥速有南宫、北宫两位王后，其中南宫王后明绍乌原为憍苴王后，僧哥速为了提高威望娶她为妻，据传当时她已有 3 个月的身孕。南宫生下的便是王储乌

---

[1] 《至元征缅录》载："金八百余两，银二千二百余两。"

者那，但其血统存疑。对乌者那王储身份不服的北宫王后之子修云，于缅历677年（1315年）在西北方另行建立实阶王国，割据一方。乌者那即位后，因血统问题，不得不让位于擒获5头白象的王弟伽悉信，但已无法改变彬牙、实阶对立的局面。

实阶一系不久即为修云同母异父的兄长答里必牙所篡，忠臣阿南达勃江杀答里必牙，重立修云之子伽直为王，但兄弟三传后又为修云女婿明波梯诃波蒂所篡。

这时彬牙王那罗都以"非王族出身竟在实阶称王"为由，于缅历725年（1363年）邀请麓川的思可法[1]攻打实阶，约定："若攻克得胜，吾只取表层部分，精华给你。"

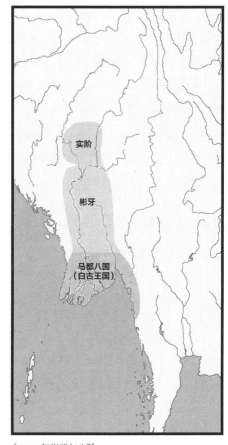

▲ 1350年彬牙与实阶

麓川象马大军攻来，明波梯诃波蒂以酒糟喂象，使其酣醉再放出城去，希望可以抵挡一阵。哪知醉象被攻击后返撞城门，冲入城内，将屋宇寺庙尽数撞毁。实阶人民抱怨道："城内有象，城外有掸。"明波梯诃波蒂见麓川势大难敌，于是携全城父老南乘御舟下到吉克瓦耶，不过也有人乘筏逃往彬牙。

麓川应那罗都邀请而来，结果那罗都却不出力，只隔岸观火，不费一兵一卒。

---

① 《琉璃宫史》此处写为"多汉发之弟多基发"，译注："多汉发即中国史籍中称之为思洪发者，多基发即思机发。"对照《麓川思氏谱牒》等史料，明显有误。《琉璃宫史》下文第188节又注"多基发"是"中国史籍中称之为思可法者"，应以后者为准。

麓川军攻克实阶后，见全城一片废墟，仅余两位老人尚存，其余一无所获，不由愤懑，将怒火对准彬牙。在他们看来，彬牙拥有3头白象，定然富庶。那罗都毫无准备，彬牙被麓川轻易攻克。麓川军在城内大肆劫掠后方才离去，并将那罗都掳走。

早先因不敌麓川而逃往吉克瓦耶的修云外孙他托弥婆耶，与心腹大臣密谋，弑继父明波梯河波蒂，接着又推翻了彬牙继承人乌者那般。在实阶与彬牙二地的余烬上，他托弥婆耶即位为王，于缅历726年12月（1365年1月下旬至2月中旬）建阿瓦城，开创了缅甸历史上著名的阿瓦王国。到19世纪，中、英两国仍然有时称缅甸为阿瓦，可见其影响深远。

他托弥婆耶死后无子，众臣拥立他的姻兄明吉斯伐修寄为王。此时，只是名义上统治着蒲甘的蒲甘一系已经完全断绝，阿瓦基本上统一了上缅甸，阿拉干也主动要求归附为属国。

缅历732年（1370年），基本上一统缅甸南部的马都八国王颁耶宇因国内叛乱，迁都白古，并派使臣前来阿瓦修好，其金叶国书写道：希望两国"融洽无间，

▲ 阿瓦古城遗址

如一张金箔"。3 个月后，明吉斯伐修寄与频耶宇会晤于两国边界，双方互换礼物共立誓言，缔结了友好的同盟关系。

可惜好景不长，频耶宇长子罗娑陀利即位后，其舅父劳骠对他不满，于是在缅历 748 年（1386 年）派使臣给阿瓦送去金贝叶书，写道："臣渺米亚侯劳骠跪奏：威德无比的国王陛下，汉达瓦底（勃固）白象之主频耶宇去世，其不肖子号称'罗娑陀利'，窃据王位。其父在世时，他就曾在大光（仰光）反叛其父，现进入汉达瓦底称王。趁其羽翼未丰，请金殿之主伐之。臣愿领勃生、

▲ 沐英像

渺米亚两地之兵从水路进军。如水陆两路夹击，汉达瓦底唾手可得。事成，良象骏马、贤臣骁将、金银器皿等，王可悉数取去。如蒙陛下垂怜，请将该地赋税赐予奴臣。"

明吉斯伐修寄同意了劳骠的请求，但他万万没想到这场战争持续时间之久竟使双方都换了 3 代国王。缅甸历史上著名的"四十年战争"就此拉开帷幕。

本来明吉斯伐修寄认为北方的麓川才是最大威胁，所以他对南方的白古王国（马都八国）采取和解政策，但对白古财货的贪图使阿瓦陷入了南方战争的泥潭之中。明吉斯伐修寄对白古王国的两次远征都以失败告终，盟友劳骠也被擒获，还迎来了罗娑陀利的北伐。这让阿瓦王国无力再抵御麓川的侵扰。此时，强大的明帝国在北方兴起，平定云南后还打败了麓川，阿瓦自然想通过归附明帝国取得支持以加强自身的地位，于是希望通过已经归附明帝国的八百国①与明帝国建立联系。

---

① 又称清迈国，即泰国历史上的兰纳王国。我国史书称其为"八百媳妇国"，简称"八百国"。相传其酋长有妻八百，各领一寨，故名。

明平云南后，西平侯沐英派遣云南左卫百户杨完者前往八百国招抚。洪武二十一年，八百国遣使入贡；同年，明帝国设立八百宣慰司。三年后再度入贡的八百国使者洪都提到了缅甸阿瓦王国"地远不能自达"的情况，朱元璋于是命令西平侯沐春派人到八百宣慰司，试图与阿瓦建立联系。

在八百宣慰司的协助下，阿瓦王国于洪武二十六年（1393年）三月派遣使者板南速剌入京朝贡。翌年二月，阿瓦再度遣使入贡。六月，朱元璋下旨设立缅中宣慰司，以"卜剌浪"[1]明吉斯伐修寄为宣慰使，缅甸阿瓦王国遂成为云南边地土司之一。

此前一年，即洪武二十五年（1392年）新年将临之时，麓川的思伦法率15路象马大军来犯阿瓦北部的美都。阿瓦军一触即溃，麓川军直达实阶，将城外的寺庙、房舍等付之一炬，兵锋直指阿瓦城。在阿瓦，明吉斯伐修寄加固城防、积极备战，又召集各路诸侯带兵反击。在阿瓦名将梯罗伐的竭力奋战之下，麓川军最终退走。阿瓦归附明帝国后，明吉斯伐修寄两次上言道："百夷思伦发屡出兵侵夺其境土。"于是，朱元璋分别写了两道谕旨，差遣钱古训、李思聪前往调解。思伦发闻诏恐惧，最终罢兵。

明吉斯伐修寄死后，阿瓦宫中陷入内斗，王储信漂辛在位仅7个月就为师傅伽诺山所弑，伽诺山篡位称王。后众臣杀伽诺山，推举明恭为王，但明恭畏惧舅父摩诃标的势力不敢即位。直到明恭的弟弟明代达袭杀摩诃标之后，明恭才于缅历763年（1401年）即位为王。永乐元年（1403年）十月，明恭派人前往明朝请封，明成祖朱棣遂命兵部设缅甸宣慰司，以明恭为宣慰使。

同一时期，朱棣还在云南边地设立了底兀剌（缅甸东吁）宣慰司、大古剌（缅甸白古）宣慰司、底马撒（缅甸丹那沙林）宣慰司、八百大甸（泰国清迈）宣慰司、老挝（老挝琅勃拉邦）宣慰司等土司。可以说，到永乐年间，明帝国西南版图扩张到了极致。

---

[1] 钱古训所著《百夷传》载："国王，众呼为'卜剌浪'。""卜剌浪"，即缅语"Alaung"，意为"未来成佛者"，是对国王的尊称。

阿瓦麓川，纷争侵伐

明初，麓川思伦法在其父思可法的基础上，不断向外拓展，元朝在云南边地设置的由土官管理的"三十六路"中的孟养、木邦、干崖、南甸、大侯、孟定、芒市等地相继被其控制。正如《百夷传》所言，麓川"景东在其东，西天（印度）、古刺（白古）在其西，八百媳妇在其南，吐蕃在其北，东南则车里（西双版纳），西南则缅国，东北则哀牢（保山），西北则西番、回纥（丽江一带）"。但在定边之战战败后，麓川内部的不稳定因素日渐凸显。洪武三十年（1397年）九月十九日，木邦土酋刀干孟叛，逐思伦法，率兵攻陷腾冲。思伦法逃到云南。

明帝国帮助思伦法平定刀干孟之叛后，麓川衰败。借此良机，明帝国分麓川之地，广建土司，置三府——孟养、木邦、孟定，设四长官司——潞江、干崖、大侯、湾甸。永乐时期，孟养、木邦升为宣慰司，加上在缅甸、泰国、老挝地区新设立的宣慰司，以及之前的麓川、车里宣慰司，合称"十宣慰"。十宣慰的宣慰使与执掌各御夷府、长官司的其他边地长官，"袭替必奉朝命，虽在万里外，皆赴阙受职"。土司继位须上报明廷，才能取得正式承认。各土司每年都要向云南布政司交一定数量的"差发银"，若遇军事行动，也要派出士卒、差役助战。

为了加强边地土司与明帝国之间的臣属关系，朱棣创立了"金字红牌"制度，即对边地土司、土官颁发"文行忠信"铜铸信符、金字红牌敕书以及勘合号纸，作为同云南布政司之间官方来往的凭证。考虑到边地土司不识中国文字，朝贡语言不通，朱棣还在各宣慰司设置经历、都事各一员，由吏部选派。而在翰林院，朝廷设下四夷馆，其中最先开设的八馆就有缅甸和百夷（麓川），由礼部选派国子监学生研习其语言文字。

朱棣通过这一系列措施，加上丰厚的贡赐和谕赐，使云南边地土司"知归向朝廷，不失臣节"，频繁遣使入贡。但是他们彼此之间却矛盾重重，时常侵越邻境，互相征伐。这一时期的阿瓦王国也毫不例外地参与到了云南边地土司的纷争之中。

明帝国分麓川之地时，早前被麓川吞并的小邦戛里（也作戛璃）借机重获自由。戛里紧挨孟养，孟养土司刀木旦欲吞并其地。恰逢朱棣派往缅甸南部的使者杨暄、周让路过孟养，刀木旦劝说他们招抚戛里，并派人先往其处，扬言说："（明帝国）

将招尔属孟养，（不从）必尽杀之。"戛里大怒，杀了孟养使者。刀木旦以此为由，出兵戛里。戛里首领以妻、子为人质，向阿瓦请援。阿瓦出兵南的弄江，截断了孟养军的粮道，刀木旦只得撤兵。戛里出兵追击，与阿瓦两面夹攻，刀木旦全军覆没。随后，阿瓦又趁刀木旦后人争位之机，最终吞并孟养。

永乐四年（1406年），明恭封心腹乌登为孟养侯，同时派遣使者入贡，向明帝国献上孟养职贡银750两，希望明廷可以承认阿瓦对孟养的占据，但遭到朱棣拒绝。同年闰七月，明廷派遣张洪出使阿瓦，诘问阿瓦擅杀之罪，并寻刀木旦子孙，欲复立孟养宣慰司。

张洪带着朱棣的敕谕前往阿瓦，明恭以刀木旦首乱为自己辩解："彼加兵于我，我不得已而应之。其子孙没于乱兵，故令西得（乌登）暂抚。"张洪当时就指出："戛里本夷，非缅属类，何云加兵于尔？"张洪先后给明恭写了六封谈判信，才把明恭说服，派遣陶孟（官名）洛霞前往明廷谢罪。

《明实录》对此记载道："那罗塔（明恭）惧，遂归其境土及其所掠，遣人诣阙谢罪。"然而实际上，刀木旦的后人刀得孟、刀玉宾与其族属3000余人只能散居在干崖、金沙江一带。即使永乐十四年（1416年）孟养宣慰司复设，宣慰使刀得孟也只能寄居在金齿。缅历787年12月（1426年2月至3月初），孟养侯乌登率大军从孟养南下阿瓦，赶跑了篡位者格礼杰当纽，登基为王。缅甸史书称乌登为"孟养他切"，即"孟养王"。可见，孟养一直为阿瓦控制。

阿瓦侵占孟养后，又劝诱木邦归向缅甸，为木邦宣慰使罕宾发拒绝。罕宾发还上奏明廷，希望可以发兵讨伐阿瓦，得到朱棣首肯。缅历774年（1412年），罕宾发派遣刀散孟等率大军攻破阿瓦城寨二十余处。翌年八月，罕宾发献所俘象马于京师。

永乐十一年（1413年）正月，麓川平缅宣慰使思行发入贡，请以弟思任发代职，朝廷许之。思任发"性桀黠，善兵，每大言复祖父遗业"，他见边地各土司之间互相侵伐，明帝国只是遣使抚谕、诘问，几乎从未采取严厉措施，于是开始兼并邻境。宣德五年（1430年）八月之前，思任发趁阿瓦内乱、乌登南下之机，占据孟养。

到了正统初年，思任发开始"不奉诏"，自称"法"（国王），公开反抗明廷，不断侵伐云南西部边地土司。明英宗朱祁镇遂下定决心，举全国之力征讨麓川。

正统六年（1441年），明帝国首征麓川。大军开赴的同时，明廷颁给云南木邦、缅甸、车里、八百大甸、威远、大侯、施甸等土司信符金牌，命各土司合兵剿捕麓川思任发。思任发不敌明朝大军，"父子三人挈妻孥七人、象马数十，从间道渡江往遁孟养等处"，其后为阿瓦出征剿捕的将领底哈勃德、底里泽亚都拉于缅历804年2月16日（1442年4月25日）阿瓦新王那罗波蒂即位时所擒。

正统八年（1443年）二月，阿瓦上奏称擒获思任发。五月十五日，明廷因遣人往阿瓦索思任发不得，而思任发之子思机发复据麓川侵扰，于是再征麓川。这次征讨，明帝国不仅要收拾麓川，还要敲打阿瓦。《琉璃宫史》记载，对于中国将军提出的交出思任发的要求，

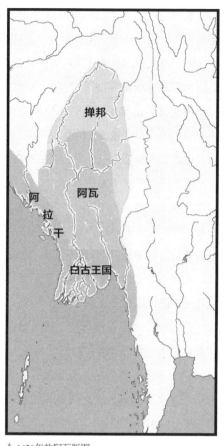

▲ 1450年的阿瓦版图

那罗波蒂坚称："多岸发（思任发）乃孤之奴仆，孤已收留，不便交出。"但实际上，阿瓦不愿交出思任发，是因为明英宗曾许诺："生絷贼（思任发）首来献，其麓川土地、人民悉予之。"阿瓦擒获思任发后，便遣人入贡明帝国，上奏擒贼之事，并进缅书，要求接管麓川地方。明英宗虽在敕谕中称："朝廷岂肯失信？"但实际上，明廷在麓川之地首先设立了芒市长官司。阿瓦没看到明廷实践诺言的诚意，只得挟人索地。

十二月，明军与阿瓦交战。大战持续了一昼夜，明军焚缅甸船只数百，但未获思任发。

直至正统十年（1445 年）十二月，阿瓦才交出思任发。《明实录》称，当时沐斌再次向缅甸要求交出思任发，恰巧此时"昼晦二日"，术士对那罗波蒂解释，此乃明帝国大举出兵的先兆，那罗波蒂大惧，这才交出思任发。《琉璃宫史》则说，是因为明军配合那罗波蒂平定了央米丁的叛乱，阿瓦才交出思任发。不过这两种说法可能都不是事实，据时人包见捷所著的《缅甸始末》所载，当时被明英宗派往云南边地"参赞戎务"的兵部左侍郎侯琎、刑部右侍郎杨宁，向那罗波蒂传话，同意用孟养之地换取思任发，阿瓦才将思任发交出。不过，孟养并没有被阿瓦控制，而是被思机发、思卜发占据。

正统十三年（1448 年）三月，明帝国进行了最后一次征讨麓川的军事行动。十月，明军抵达金沙江，与木邦、阿瓦军队会合。在阿瓦的协助下，明军顺利渡江，攻破思机发的寨栅，乘胜进至孟养，攻破鬼哭山和芒崖山等寨。思机发、思卜发逃窜。

明军攻下孟养后，令阿瓦管治孟养地方，缉捕思机发。但明军撤离后不久，麓川复拥思任发少子思禄于孟养。思禄以状来言："缅不能抚其人民，愿立思氏，永当朝廷差发。"于是靖远伯王骥与思禄在大金沙江（伊洛瓦底江）立石为界，誓曰："石烂江枯，尔乃得渡。"

"土木堡之变"后，英宗被俘，景泰帝朱祁钰继位。由于当时明帝国的主要威胁来自北方瓦剌，因此对麓川思机发是否已被剿捕不再像英宗朝那样迫切。景泰二年（1451 年）八月，云南总兵官沐璘奏称，缅甸宣慰使已擒获思机发、思卜发，但又将思卜发打发回孟养，管食地方了。《琉璃宫史》也记载，那罗波蒂"便让多锦发及多博发（思机发和思卜发）宣誓效忠后……将孟养赐给多博发"。

沐璘与明廷怕阿瓦将思机发像思任发一样"视为奇货，需索无厌"，认为"宜示以不急，听其来献"。后阿瓦又报思卜发叛乱，请兵协助征剿，明廷亦不许。到了景泰五年（1454 年）三月，左参将胡志等将银夏地方划给阿瓦，阿瓦才送思机发及其妻孥六人到金沙江村，胡志等将思机发及妻孥槛送京师。

在之后的一段时期里，阿瓦实力被"四十年战争"削弱，各地诸侯开始割据称雄，于是内乱频繁，慢慢走向了衰亡。而孟养则一直遵守王骥之盟，休养生息，且频繁向明帝国入贡。但随着自身实力的逐渐壮大，孟养又开始蠢蠢欲动起来。

成化年间，明廷分木邦地置孟密安抚司，之后木邦与孟密一直相互仇杀。孟密有宝井，"产宝石、宝沙"，常使木邦在争斗中处于下风。孟养趁机与木邦结盟，双方声势相倚之后，孟养就出兵占据了阿瓦的听盏地区。

到了思伦（色隆）成为孟养之主后，其势益张，开始不断南侵。缅历864年（1502年），孟养攻占美都城。缅历868年（1506年），孟养攻占德勃因城，阿瓦以承认孟养对美都、鄂耶内城的占领才换回此城。其后几年，阿瓦虽一度收复美都、鄂耶内，但很快又被孟养攻占。

缅历886年（1524年），孟养向实阶进军，继而又攻打并占领了甘尼、格奈、那当、勃东、阿敏、布坎、勒博、比昂比亚、班基十乡、德叶、色固、色林、邦林、垒盖等地，兵锋直指阿瓦。缅军迎战于阿瓦城下，大败，阿瓦王瑞难乔信趁夜弃城而逃，思伦立盟友卑谬王德多明绍为阿瓦王后返回孟养。瑞难乔信见孟养军、卑谬王相继撤离，又悄然回到阿瓦。

缅历888年1月12日（1526年3月24日），思伦再次攻破阿瓦城，瑞难乔信乘象应战，为炮弹击中而亡，思伦封自己的儿子多汉发为阿瓦王。

阿瓦遗臣遣通事蒋鹏投缅书到云南黔国公沐绍勋处，奏称："正统年间麓川反贼思任发杀抢腾冲、金齿地方，我祖公那雅补邸（那罗波蒂）……领兵赶过迤西金沙江去，将思任发杀取首级、思机发解京处死。今被贼种思凯（思伦）挟恨前仇，调领夷兵象马渡金沙江攻杀缅甸……将我宣慰正身杀死，虏其子去为奴，印信、敕书、红牌、金字、勘合、底薄杀抢一空。"

此时的孟养、木邦、孟密三方也是相互仇杀不断。嘉靖六年（1527年），明世宗朱厚熜遣三路使者抚谕边地土司，其中永昌知府严时泰等往孟养抚勘。思伦虽称"自愿忠顺朝廷"，交出缅甸金牌印信，并纳"土银一千两、牙象两只、大小象牙二十根"赎罪，但他却在夜里"纵兵鼓噪，焚驿舍"，迫使严时泰仓皇逃回。

嘉靖七年（1528年），明世宗听取了沐绍勋的意见，令莽启岁（明基兑，瑞难乔信次子）袭职缅甸宣慰使，并"厚加存恤扶植"。但这时云南发生了震动全省的"安凤之乱"，寻甸土司安铨与武定土酋凤朝文因不堪欺凌，联合起兵，包围了云南府城，一时滇中大乱。明帝国忙于平叛，无暇过问缅甸之事，缅甸宣慰司就此消散于历史。

东吁崛起，一统缅甸

"东吁"，缅语意为"山岬"，原来是一个小山村。约在蒲甘王朝灭亡前20年，一对缅人兄弟建立起了旧东吁城。元军进攻蒲甘时，不少缅人逃到东吁城避难。此后麓川攻打彬牙、实阶时，又有许多缅人逃到东吁。

东吁是一个贫瘠荒凉的地方，不为掸人与孟人所看重，但对于缅人来说却是一个很好的避难所。无论是阿瓦内部动荡还是"四十年战争"的硝烟，都很少波及东吁。因此，在"四十年战争"期间，不断有缅人迁入东吁。《琉璃宫史》记载，当时的东吁地区已经比较繁华，"每隔一箭或两箭之遥便有居民村寨"。

就这样，东吁的力量慢慢壮大起来，著于洪武年间的《百夷传》就有"金沙江以南，有东胡（东吁）、得冷（白古）、缅人（阿瓦）三国"的记载了。永乐年间，明帝国在东吁设立底兀剌宣慰司，不过名义上该地一直受阿瓦王国统治。

缅历847年（1485年），明吉逾弑杀舅父成为东吁之王，并迅速得到了阿瓦

▲ 东吁城

王明恭二世的承认，开始走上扩张道路。缅历853年（1491年），明吉逾击溃白古王国的16路大军，明恭二世授予他"摩诃"（意为"伟大的"）封号。

缅历864年（1502年），面对孟养的进攻与卑谬的反叛，新即位的阿瓦王瑞难乔信向诸臣问计。德道树建议与东吁联姻以为安抚，这样既可防止其反叛，又能在必要时借助其力量。于是瑞难乔信将王叔德多达马亚扎之女明拉突嫁给明吉逾，并将明吉逾已经部分控制的皎克西地区作为嫁妆正式分封给他。

如此一来，上缅甸富饶的产米之区为东吁所有，东吁的实力加倍地壮大起来。明吉逾的野心由此迅速膨胀，他立即起事背叛了阿瓦王国，又与卑谬王联合，不断进犯阿瓦南部。

孟养的思伦击败阿瓦时，明吉逾更是趁机占领了阿瓦南部大部分地区。阿瓦覆灭后，明吉逾与下属各诸侯都十分惧怕孟养的掸人继续南下，于是下令摧毁阿瓦南部地区的城乡，并派大批人马毁坏所有池塘、水渠，目的是使东吁远离战乱。

缅历892年9月5日（1530年11月24日），明吉逾去世，其子莽瑞体（德彬瑞梯）继位，当时他只有14岁。

莽瑞体年满17岁时，须按缅甸习俗举行"穿耳梳髻"礼，但他出人意料地挑选了处于敌对关系的白古王国的瑞摩陶佛塔进行该仪式。莽瑞体带上500骑兵向白古王国首都汉达瓦底进发。进城后，他令骑兵将佛塔围住，自己登上佛塔进行祝祭礼。得到消息赶来的孟人将莽瑞体一行人团团围住。哨兵通报孟人的动向后，莽瑞体道："尔等只管将耳孔扎正就是，至于孟人，由孤来对付。"穿耳梳髻仪式结束后，莽瑞体一马当先，突出重围，高喊："瑞体王在此，谁敢来送死！"孟人士兵竟无一人敢来阻拦，莽瑞体顺利回到东吁。

缅历896年（1534年），莽瑞体向下缅甸的白古王国发起进攻。"四十年战争"结束后，白古王国基本处于和平状态，海贸商业一片繁荣，比战乱频繁的上缅甸富裕得多。除了掠夺土地和财物外，莽瑞体似乎还有更深一层的考虑。我国史料记载："洞吴（东吁）之南有古剌（白古），滨海与佛郎机邻"，"地广兵强，善于使伏狼机（佛郎机）火器。"1511年，葡萄牙占领马六甲的同时，又踏上了邻近的白古王国，其后更在马都八设立商馆，葡萄牙雇佣兵就此开始活跃于白古王国的土地上。莽瑞体打算夺取一些白古的城镇后，用取得的财富招募葡萄牙雇佣兵，以加强自己的实力。

白古王国的首都汉达瓦底城有两员名将彬尼亚劳、彬尼亚江布置的周密防护，再加上城内葡萄牙雇佣兵使用火炮轰击，莽瑞体连续三年展开的三次征伐尽以失败告终，并使东吁象军及马兵损失颇重，只得在雨季来临前撤军。莽瑞体三征汉达瓦底失败后，转攻白古西部的勃生、渺米亚、德延达亚、开榜、德巴兑等城，俘获了大批象马及俘虏，才算是挽回了一点颜面。

由于莽瑞体改用战术后连夺多城，白古王多迦逾毕派遣使者向莽瑞体求和，彬尼亚劳、彬尼亚江也遣人到东吁各将领处问候。莽瑞体在接见白古王使者时，故意一语不发，反而不断宴请彬尼亚劳、彬尼亚江派来的人。听闻这些使者带回的情报，多迦逾毕遂对二人产生了怀疑。

莽瑞体随后亲自写了一封信，佯装是给彬尼亚劳和彬尼亚江的回复，信中说："二位提及彬尼亚劳望能食邑汉达瓦底、彬尼亚江食邑马都八之事我已知悉，战后定让二位大人如愿以偿，望能为我尽心竭力。"他将此信与一些礼物放进一个竹篾箱，故意让送信使者在白古与人争吵，再装作不敌扔下箱子逃走。有人将箱子呈给多迦逾毕，经检查发现了书信。多迦逾毕本就对彬尼亚劳和彬尼亚江有所怀疑，见此书信，一气之下将二人召入宫中斩首。

汉达瓦底少此二人后，军队士气萎靡，力量大减。当东吁大军再度来攻时，多迦逾毕料定汉达瓦底难以守住，于是率军投奔妻舅卑谬王去了。缅历900年（1538年），莽瑞体不费一兵一卒，进占白古。

莽瑞体决定一鼓作气，追击多迦逾毕。他派妹夫觉廷瑙亚塔为先锋，率领一支轻兵由陆路直趋卑谬，自己则领水军沿江而上。在襄优河，觉廷瑙亚塔与白古王属下彬尼亚德拉率领的部队隔江而遇。他随即令部下赶制木筏，待将所有人马渡过河后，将木筏统统毁掉。属下将官谏道："我方兵寡势弱，敌方兵力十倍于我。决此一战，胜则罢，若遇不利，怎么撤退？"觉廷瑙亚塔道："我军有进无退，师出必胜！大家无须担忧。"此时，莽瑞体派人前来传旨，告诫如遇敌人切勿妄动，等待他率领主力赶来。下属又阻，觉廷瑙亚塔却对使者说："托我王洪福，我们已取胜。"属下将官道："将军未战而报捷，如战而不胜，大王岂能赦免？"觉廷瑙亚塔回答道："如若挫败，唯有战死而已，大王要问罪亦无人可问矣。"

▲ 莽瑞体画像　　　　　　　　　　　　　　▲ 莽应龙雕像

觉廷瑙亚塔决心已定，率军向白古军发起全面进攻。当第二天莽瑞体到达时，缅军在觉廷瑙亚塔一往无前的气势带领下，已大获全胜。莽瑞体大喜，封其称号"莽应龙"（勃印囊，意为"王兄"）。

先前卑谬王那腊勃底考虑到东吁兵强马壮，遂派人携大批礼物赠给盟友阿瓦王多汉发搬请救兵。于是，阿瓦、卑谬、白古三国结为同盟，共同坚守卑谬城。

莽瑞体采用莽应龙的计策，将大炮装上战船埋伏在下游，自己则率两艘小船直驶卑谬城下齐鸣鼓乐、呐喊助威。三国水师联军见莽瑞体未领水军，纷纷前来追赶。莽瑞体领着追赶的敌船进入埋伏圈，一举将其歼灭。

水战大获全胜后，莽瑞体认为卑谬已无力发起进攻，便迅速撤回汉达瓦底，巩固地盘。恰在此时，白古王多迦逾毕暴卒，孟人文武大臣纷纷投奔汉达瓦底。莽瑞体善待众大臣，赐予他们粮食、种子、金银、布匹，并让他们官复原职。就这样，莽瑞体不仅有了缅人做后盾，更得到了孟族战士的效忠。此外，他还雇用了以凯伊鲁（Joano Cayeyro）为首的 700 名葡萄牙雇佣兵。

比汉达瓦底更难攻占的城市，是马都八城。莽瑞体寄希望于他的和解政策以及白古王的死，能使马都八城和平易手。但是马都八侯，也就是白古王的妹夫苏彬尼亚，依仗兵马众多，一直保持半独立状态，连汉达瓦底城被攻时都不曾出兵助阵，此时更不会买莽瑞体的账。

缅历 902 年（1540 年），莽瑞体出动 12 队人马进攻马都八，但马都八城上的各式大炮火力密集，更有葡萄牙人萨克沙斯（Paulo Seixas）率领 7 艘满载武器弹药的船只驻于城前港湾防卫。此役，东吁军伤亡惨重，最终只得选择围而不攻，用水陆两军截断马都八的运粮通道。

围城 7 个月后，城中发生饥荒，马都八侯不得不提出每年向东吁进贡的请和条款，但被莽瑞体拒绝。马都八侯在绝望中向葡萄牙果阿总督求援，甘愿成为葡萄牙的附庸，还愿意献上他一半的金银财宝——2 船金银和 26 箱宝石。果阿方面对此很感兴趣，但他们害怕莽瑞体报复，在贪欲和谨慎之间摇摆不定。

莽瑞体考虑围城太久，再迁延时日毛淡棉等地的孟人诸侯会赶来救援马都八，于是采用了孟族将领斯弥波逾的计划。按照计划，斯弥波逾率水军沿马都八河而上，在上游砍伐竹子和树木建造许多木筏。这些木筏分为两种，一种堆放引火物，为火筏；另一种为大木筏，其上建有高于马都八城墙的木栅，木栅上架有火炮。

当夜，斯弥波逾先放火筏，火筏顺水漂向 7 艘葡船，将其烧毁；再放大木筏来到城下，木筏上的木栅比城墙还高，火炮居高临下一阵猛轰，迅速打开缺口，象兵、马兵趁机齐齐涌入城内。

马都八城被攻克后，东吁军屠城三日，掠夺大批金银财宝，宫殿城镇尽皆焚毁，苏彬尼亚及其眷属亦全部被害。毛淡棉和东部一带的孟人诸侯看到了马都八的惨痛教训，纷纷前来投诚。这些人宣誓效忠后，莽瑞体仍任命他们担任原职。

平定白古王国后，莽瑞体于缅历 903 年 8 月（1541 年 10 月下旬至 11 月中旬）进攻卑谬。卑谬王明康向阿瓦王多汉发以及翁榜（昔卜，史称"锡箔"或"锡播"）、孟密、孟养等地土司赠送大批礼物，请求援兵。多汉发约齐三土司兵马向卑谬进发，却被莽应龙趁夜以精锐象兵设伏击溃，不得不撤退。

卑谬王明康向北部诸土司请援的同时，又将妹妹嫁给阿拉干明平王，以请他速发兵前来助战。于是，明平王派遣水陆两支军队前来救援。但莽应龙用伪造的卑谬王的书信，令阿拉干陆军匆忙来攻，结果被其埋下的伏兵迅速击溃。阿拉干水军到达勃生后，听闻陆军战败，便不战而退。

卑谬被围5个月，弹尽粮绝，守城士卒纷纷逃亡。卑谬王得到莽瑞体恩准不杀的承诺后，于缅历904年3月5日（1542年5月18日）率众大臣出城投降，后被迁往东吁。

同年，阿瓦发生政变。缅人早已不满多汉发大肆屠杀僧侣、毁坏佛塔，于是趁卑谬战败之际，将多汉发刺杀。多汉发死后，翁榜土司康孟将其位让给弟弟，自己带领大批人马来到阿瓦，成为阿瓦王。他即位后立联合八莫（史称"蛮莫"）、良瑞（史称"雍会"）、孟拱、翁榜、孟密、孟养土司在阿瓦城大造战船，欲向东吁复仇。

缅历905年9月11日（1543年11月6日），七土司联军向卑谬进发，与东吁军展开水战，但因不敌莽瑞体的大战船，成了船上葡萄牙雇佣兵大炮的活靶子。

莽瑞体打败掸人后，挥军北上攻占蒲甘。三年前，莽瑞体按孟人的礼仪举行了加冕仪式，称"下缅之王"。占领蒲甘后，他又按蒲甘的礼仪举行了加冕仪式，称"上缅之王"。缅历907年（1545年），莽瑞体回到汉达瓦底，按孟人发式剪了头发，又依照缅、孟两族的礼仪举行了持续整整7天的盛大加冕仪式，成为上下缅甸之王。缅甸再次统一，称为"东吁王朝"。

这一年，阿拉干明平王和弟弟丹兑侯发生冲突。势弱的丹兑侯逃到汉达瓦底向莽瑞体求援，于是莽瑞体领水军沿海岸向阿拉干进发，莽应龙则领陆军循

▲ 1545年的东吁王朝

山道进军，随军的还有一队以狄哥·美罗 (Diogo Soarez de Mello) 为首的葡萄牙雇佣兵。缅军轻易占领丹兑，进军至末罗汉城下。末罗汉城位于山顶，城防坚固，莽瑞体始终不能攻陷，于是在阿拉干高僧的斡旋下，他同意阿拉干纳贡称臣，随后退兵。

莽瑞体之所以迅速撤军，是因为阿瑜陀耶（泰国大城）王趁其远征之时，攻陷了土瓦。阿瑜陀耶军得知莽瑞体大军返回后，立刻放弃土瓦撤退。但莽瑞体并不打算就此揭过，他要求阿瑜陀耶进贡一头白象，但被拒绝。缅历 910 年 8 月 13 日（1548 年 10 月 13 日），莽瑞体沿马都八一线进军阿瑜陀耶。

莽瑞体此行，所用仪仗非常盛大，尤其引人注目的是头戴金色头盔、手执金环长矛的 600 名葡萄牙近卫兵。缅军每扎营一处，必举行庆典仪式。但缅军未能攻陷阿瑜陀耶，因为他们有明帝国运来的铜制大炮，而且城中有毕蓝罗 (Diogo Pereira) 率领的葡萄牙雇佣兵把守。

围城近一个月后，缅军于清晨撤军。阿瑜陀耶分兵 3 路追击缅军，却被莽应龙于反击中俘虏了阿瑜陀耶王子、驸马、王弟。此役中，年方 13 岁的莽应龙之子莽应里（南达勃因）骑象助父打败阿瑜陀耶王的驸马，受到莽瑞体的奖赏。

得到消息的阿瑜陀耶王派人前来，提出以每年贡奉战象 30 头、白银 300 缅斤，并交出丹那沙林港口的赋税收入作为代价求和。莽瑞体欣然同意，释放全部阿瑜陀耶战俘。

缅历 911 年 1 月 3 日（1549 年 2 月 28 日），莽瑞体回到京都汉达瓦底。此时，一名在亚齐战败的葡萄牙人以及他的 300 名随从逃到了马都八城，被马都八侯抓住，随后转交给缅王。莽瑞体见这名葡萄牙人文质彬彬，便让他随同出猎。在森林中，此人射击玉兰花朵做的标靶百发百中，由此得到莽瑞体的赏识，并赐下一名宫娥与其婚配。他自酿的葡萄酒极得莽瑞体的喜爱，于是这位缅王终日饮酒为乐，常常喝得酩酊大醉，处理起政务来也荒诞不经，动辄就要杀人。

莽应龙认为这些举止与一个伟大的君王太不相称，常谏劝莽瑞体改此恶习。莽瑞体却道："孤已与酒为友，国事交付王兄，勿再谏孤，孤只愿在宫中享乐也。"莽应龙只好不离左右，帮着处理朝政，许多王命要斩的无辜官员皆被他保护下来。如此这般，孟、缅各族官员皆欲莽应龙登基，莽应龙答道："诸位大人，我等蒙受圣恩，有尽忠之责，方才一番言语勿再与他人说。佛祖曾教诲说：'善人活一

▲ 缅甸贵族的马术活动

日，胜于恶人活百年。'本官还要向大王进谏，若不采纳，我辈也只有尽忠而已。请诸位各自安守采邑封地，如我辈恪守本职，则国家必不致危亡也。"其后，莽应龙赠予那位酿酒的葡萄牙人若干金银钱财，将其遣返回国。

没多久，白古王多迦逾毕的私生兄弟斯弥陶在大光达拉地区还俗，宣誓举事，并一举攻陷了马高、丁因。莽瑞体安排莽应龙前去平叛，自己则听信孟人锡当侯斯弥修都之言，去东边的格达地区寻找白象。当莽瑞体将卫队驻在一个英国教堂附近休息时，斯弥修都的弟弟左刀卫趁他熟睡之际将其刺死，时为缅历912年2月16日（1550年5月1日）。

斯弥修都谋杀莽瑞体之后，又一一捕杀缅甸王裔贵族及亲信官员，接管了象马兵勇，在锡当称王。此时留守汉达瓦底的莽应龙之弟底哈都，见孟人反叛，便集齐象马兵勇，急向东吁而去，在东吁宣告独立。斯弥修都率兵进驻汉达瓦底，进宫称王，但3个月后便被孟族诸大臣逼迫下位，另迎立斯弥陶为王。斯弥修都不服，与斯弥陶交战，结果死于葡人弹下。这一时期，各地诸侯纷纷独立，莽瑞体创建的王国分崩离析。

莽应龙当时正驻军达拉，从王妃派来的送信人处得知详情后，立刻派人去请他的战友狄哥·美罗及其部属。狄哥·美罗所率领的葡萄牙雇佣兵一来便打破了孟人的水上封锁线，莽应龙欣喜过望，大呼道："狄哥！狄哥！我乘象，君骑马，两人征克此宇宙，不亦乐乎！"不过考虑到缅人在孟人地区力量薄弱，所以在与忠于自己的孟族将士盟誓后，莽应龙便向老家东吁进发。

莽应龙大军不理会孟人的阻击，昼夜兼程挺进东吁，在离东吁约20英里的空旷地上驻扎下来。休整约两个月后，莽应龙大军水陆并进，将东吁城团团围住。底哈都为了不被围在城中动弹不得，多次出击，但都未能冲破包围。

围城4个月后，城内官吏纷纷出逃，归顺莽应龙。莽应龙对来投的官员一概不予追究，只要宣誓效忠便封予官职。在此举影响下，城内官吏出逃得更多了。底哈都惊恐万分，只好派人到城下请降。莽应龙道："瑞体王驾崩以后，只要我等弟兄五人团结一致，镇守汉达瓦底，任何敌人皆无计可施。但底哈都打错了主意，致有今日之乱，他干了蠢事铸成大错，但念他是我亲弟，不忍加罪。"最后，莽应龙赦免了底哈都，仍封他为东吁王。

事情完满解决后，莽应龙便下令击鼓鸣锣，通知得胜缅军不得抢掳城池。之后，他让东吁城众官吏向他宣誓效忠，接着分封官职，举行灌顶登基仪式，获"白象之主"称号。

底哈都十分感激兄长莽应龙的宽恕，在缅历913年6月21日（1551年8月21日）莽应龙第二次出征卑谬的时候，甘为先锋，于深夜2点带领象队冲破卑谬城南门的门闩，进得城内，活捉卑谬王德多都。莽应龙本想赦免德多都，但恼怒他企图领兵逃往阿拉干，便命将其斩首正法。

休整十余日后，莽应龙继续北上，向色雷、布坎艾、蒲甘等城镇进军。占领蒲甘城后，莽应龙本想继续攻打阿瓦，但此时传来消息说孟人攻陷了欣克内城，于是只得回师救援。正在部署之际，在阿瓦称王的无毗那罗波蒂因不敌有孟养在背后支持的实阶王悉都乔丁，率子女、象马等前来投奔。于是，莽应龙军中除了葡、缅、孟人之外，又有了掸人。

莽应龙回师东吁后，立即进攻汉达瓦底，孟王斯弥陶亲自率领500余头战象来战。莽应龙派偏师绕过斯弥陶的军队，冲入汉达瓦底城中放火，自己则亲自迎战斯弥陶。据说两人举行了单象比拼，两象势均力敌，对抗许久，最终莽应龙坐象将牙刺进了斯弥陶的坐象体中，使其当场倒下。见王上旗开得胜，缅方士气大振，象、马、步军乘胜追击，孟族士兵纷纷败阵而逃。斯弥陶改乘马匹，匆匆搜集残兵，准备退守汉达瓦底，但见城内一片火光，于是只得向西落荒而逃。

汉达瓦底陷落之后，马都八立刻表示臣服，孟人声势浩大的反抗最终土崩瓦解。斯弥陶虽部下星散，仍做殊死挣扎。莽应龙一路剿捕斯弥陶，期间又将勃生等地纳入囊中。缅历914年1月13日（1552年3月7日），奴仆们抓住斯弥陶来献，莽应龙以极刑将其处死，伐丽流王系至此告终。

平定孟人叛乱后，莽应龙派遣莽应里和王弟领军向阿瓦试探性进军。阿瓦王悉都乔丁请来了孟养、孟拱、翁榜等土司共同驻守御敌，莽应里军失利，只得匆匆撤退。

缅历915年11月10日（1554年1月12日），莽应龙在汉达瓦底新建的皇宫

▲ 战象对决

中再次举行了盛大的登基仪式。就这样，在近四年的时间里，莽应龙把莽瑞体死后分崩离析的王国又重新统一了起来。

莽应龙登基后，便准备亲征阿瓦。他一面打造鸳鸯形御舫以及象、马、水牛、鳄鱼、蟹等形状的战船，一面敦促全国各地诸侯备足武器、铠甲、粮食，尤其是卑谬经伊洛瓦底江到蒲甘沿线的诸侯要多多收集粮食囤储于库。

缅历916年9月4日（1554年10月28日），莽应龙自京城汉达瓦底率大军向阿瓦进发，央米丁、瓦底、因道、莱德、良渊等地望风而降，布坎、实阶等地的守将则弃城逃往孟养。悉都乔丁见状，亲率象马应战，但寡不敌众，抵抗一阵后便仓皇逃走。

莽应龙率军停驻在阿瓦之东，命王弟率水军从实阶驶向阿瓦，水、陆两路将阿瓦城团团围住。在强大的攻势之下，阿瓦渐渐抵挡不住，终于在缅历916年11月19日（1555年1月10日）黄昏时分全城陷落。等待悉都乔丁的，则是被圈禁在汉达瓦底的命运。

这之后，莽应龙并未停下北进的脚步，他继续追击翁榜、孟拱、孟养、格礼等前来援助阿瓦的援军。一直打到美都城，莽应龙才因雨季即将来临而停步，准备过了雨季后增补兵马再来攻打。在将新攻下的北部一带大城一一分封后，莽应龙于缅历917年3月16日（1555年5月5日）回到汉达瓦底。

北上扩张，犯我边地

正统年间，明军三征麓川后就撤销了麓川宣慰司，设干崖、南甸、陇川三宣抚司；同时，大古剌、底兀剌、底马撒宣慰司等不再入贡，明帝国云南边地土司形成了"三宣六慰"[①]的格局。明廷认为大古剌等宣慰司不再入贡，是为缅甸宣慰司道路所阻，但实际上更可能是"四十年战争"结束后，缅甸各方势力不再那么迫切地争取明帝

---

① 三宣指干崖宣抚司、南甸宣抚司、陇川宣抚司，六慰指车里宣慰司、缅甸宣慰司、木邦宣慰司、八百大甸宣慰司、孟养宣慰司、老挝宣慰司。

国的支持了。嘉靖七年（1528年），缅甸宣慰司为孟养完全控制之后，亦不再入贡。

嘉靖二十七年（1548年），路九方前去调解陇川与木邦之间的纷争，回来后上报称："今缅夷酋名瑞体，创霸摆古（白古），有吞并之志。"直到这时，缅甸才重新进入明帝国的视线，不过此缅甸已非先前的阿瓦王国，而是新崛起的东吁王朝了。

嘉靖三十五年(1556年)，孟密下属的翁榜土司去世，其弟色采隆继承土司之位。孟乃土司对新任翁榜土司不满，举兵攻下翁榜，翁榜土司色采隆备下许多礼品谦恭地要求莽应龙派兵相助。这正中准备再度北扩的莽应龙下怀，他认为："此番并非只为征讨翁榜，征服翁榜以后，还必须继续征讨与翁榜连成一线的孟密、八莫、孟拱、孟养、格礼等掸族各邦，才能使他们子孙后代也永远臣服于我……毋庸说掸邦土司，就是中国乌底勃瓦（皇帝）也挡不住我们。"

▲ 缅王上朝图

缅历9月8日（11月9日），莽应龙率领水陆两军从汉达瓦底出发，奔往孟密；而另一路缅军则在莽应里的率领下奔向翁榜。

据我国史料记载，约在此前后，孟密土司思真及其子思汉相继去世。思汉的儿子思奔、思糯争夺土司之位，思糯获胜，思奔败投向莽应龙。莽应龙正有图谋，于是表面上答应劝解兄弟二人，实则欲吞并孟密，遂借故刺死思奔。

大约以此为借口，莽应龙北扩的第一个目标就是孟密。缅军在距孟密约一站远处，与孟密土司派来迎战的军队相遇。缅方先锋马军失利败退，但立即派出象军冲杀，孟密军抵挡不住，死伤甚众。孟密土司正准备据城抵抗，却得知缅军此次北上兵马众多，恐守城不住，遂出城逃往翁榜。

由莽应里率领的缅军此刻也与占领翁榜的孟乃军相遇了，孟乃军抵挡不住缅方的象军，城被攻克。孟密土司正要投奔翁榜，在路上听到翁榜失陷的消息，只得停驻当地，向缅军投降。

我国史料说莽应龙立思汉次子思琢管领孟密，然而《琉璃宫史》却说莽应龙任命前任翁榜土司之孙孟隆侯为孟密土司。虽不知真实情况为何，孟密确实已为莽应龙控制。

莽应龙以孟密为基地，继续侵略孟养。孟养土司思个闻缅王率领大队兵马来攻，其势凶猛，便不敢据守孟养城，而是将兵勇、象马等转移到孟养以北的山区驻守。莽应龙占领孟养城之后，继续北上。在这期间，孟养土司为孟拱出卖，只得投降。莽应龙让他们宣誓效忠后，便安排返程，于缅历919年5月3日（1557年6月30日）抵达京城汉达瓦底。

先前，莽应龙封宋砌侯卓吉为翁榜土司，但在缅军撤离后，卓吉为思奔女婿孟乃土司别混所杀。随后孟乃土司又攻打阿瓦属地底宝，杀底宝土司，夺其妻子儿女、象马兵勇，进而又攻打宋砌。于是莽应龙再度北上，攻破孟乃，抓走别混。

此次莽应龙野心更大，他用木叶缅书招干崖、南甸、陇川三宣抚司土司前来会盟，欲要攻占木邦，进而入侵云南。但后来他听从了属下的建议，转而攻击清迈王国（八百大甸宣慰司），国王梅库提抵挡不住，出城投降。莽应龙对他说："别说小小清迈，就算是中国的乌底勃瓦，也休想挡住孤的进攻！"他命令以清迈王为首的清迈各级官员向他宣誓效忠，保证子子孙孙再不背叛。

▲ 清迈古城遗址

　　6 年后的缅历 926 年（1564 年），清迈王梅库提趁莽应龙攻打阿瑜陀耶时，力图争取独立。但当莽应龙大军压境时，他又抵挡不住，只得出城投降，最终被圈禁在汉达瓦底。缅历 940 年 12 月 5 日（1579 年 1 月 30 日），清迈栖拉帕芭女王去世后，莽应龙干脆把清迈封给了儿子瑙亚塔明绍。于是在接下来的两个多世纪里，清迈几乎一直为缅甸统治。

　　老挝澜沧王国（老挝宣慰司）国王塞塔提腊是清迈先王吉克劳的外孙，由于吉克劳死后无子，塞塔提腊便继承了清迈王位。在位 7 年后，塞塔提腊之父在训象时受伤身亡，他只得匆忙返回琅勃拉邦夺取王位。清迈贵族于是趁机另行拥立梅库提为王，塞塔提腊十分气愤，一直与清迈纷争不断。所以当缅历 920 年（1558 年）莽应龙第一次迫使清迈臣服后，塞塔提腊趁缅军撤兵时重占清迈。莽应龙只得再度出征，赶走了塞塔提腊。塞塔提腊因琅勃拉邦离缅甸较近，害怕莽应龙追击，于是迁都万象。结果莽应龙还是发动了多次针对老挝的战争，塞塔提腊一路躲进深山密林中，但仍坚持抵抗。直到塞塔提腊死后的缅历936年（1574年），莽应龙再次攻克万象，扶植缅甸卵翼下的乌帕哈·伏腊旺塞为王，才算控制了老挝。

直到嘉靖三十九年（1560年）三月，云南总兵沐朝弼、巡抚游居敬才将莽应龙侵占孟密等地的情况上报。游居敬还上报了一篇《莽哒喇事情节略》，为吴宗尧所写，详叙了莽应龙崛起、内犯的经过。不过此文谬误颇多，比如将莽应龙当成了莽瑞体；又如说"莽哒喇"的王号是因为调解孟人兄弟纷争而得，意为"公道主人"，实际上"莽哒喇"应该是莽应龙巴利文王号"底里杜达马亚扎"中"马亚扎"的音译，"底里杜达马亚扎"意为"吉祥善良之法王"；甚至还认为莽应龙是为其先世莽纪岁（瑞难乔信）复仇，才攻占孟密，侵略孟养。结果导致之后我国史书进一步补充出莽瑞体是莽纪岁的儿子，幼年时逃到洞吾（东吁）母家，长大后回来复仇的桥段；并常常把莽应龙写作莽瑞体。

在《琉璃宫史》的记叙中，莽应龙的儿子莽应里确曾号称与孟养有仇，但那是因为孟养是缅人的公敌："孟养的土司们曾将整个缅甸地区蹂躏一番，还曾到阿瓦，举土司之子多汉发为王。缅甸人都对他畏惧万分。"完全不是吴宗尧等人所以为的那样。

吴宗尧在文中还说，因莽应龙听闻内地有备，又害怕他夷抄其老巢，所以远遁回到东吁。但实际上，莽应龙让清迈臣服后，又在阿瓦行宫住了约一年才返回汉达瓦底。可见，云南当局实际上对莽应龙的动向一无所知。

明廷接到报告后，认为莽应龙"己畏威远遁"，便不再追究，只是传谕各边地土司"不许交通结纳"。同年，沐朝弼、游居敬又报称，缅甸莽应龙"侵轶邻境，当预防内侵"。收到警信后，明帝国开始在干崖土司境蛮哈（今云南省盈江县蛮允附近）设兵戍守，应援边地土司，冬春防缅。时人诸葛元声对此感叹道："自是滇人方稍稍言防缅，尚不知缅甸乃我宣慰司，当经理复之者也！"

隆庆元年（1567年），云南布政司按惯例派指挥陈应绣、千户潘应爵到孟密买象，孟密土司思哲将二人擒拿送给莽应龙。莽应龙正准备侵夺车里宣慰司，遂以茨刺禁锢陈应绣和潘应爵，并说："此行胜，则得中国人吉，败则凶。"后来莽应龙得胜归来，果真将他们遣还。我国史料没有记载莽应龙侵夺车里的经过，据傣文史书《泐史》记载：缅将麻哈坦带兵攻下景洪，强迫车里宣慰使刀糯猛向东吁王朝称臣，后强令刀糯猛带兵随莽应龙去攻打阿瑜陀耶、景迈，战胜后，刀糯猛在返回车里的途中病死。缅历931年（1569年），莽应龙封新任车里宣慰使刀应猛为"左掸国大自主福禄至善王"，并将女儿嫁给他，即金莲王后。双方结亲时，云南当局派官员观礼，没有提出任何异议。此后，车里"敬以天朝为父，缅朝为母"，同时臣属于明帝国与缅甸。

另据《琉璃宫史》记载，这一时期莽应龙不止侵夺车里宣慰司，还征服了孟拱下属的卡随，以及孟卯①、西昆、霍达、拉达、摩纳、山达等地。云南当局对此似乎仍是一无所知。

隆庆二年（1568年），木邦宣慰使罕烈去世，其子罕拔遣使向云南当局

▲ 缅甸战士画像

报告继承宣慰使职。金腾兵备按照惯例派属下前往赐予宣慰使冠带，结果有官员向木邦使者索贿千余金未得，便不给办理继承手续，且扬言要将宣慰使职授予其侄罕朝光。木邦使者回报罕拔，罕拔大怒，遂与弟罕章集兵阻道，经年不让汉人商旅通过。但此举也造成了内地商品无法运达木邦，木邦境内食盐匮乏，罕拔只得向缅甸求援，得莽应龙馈赠"海盐五千笼"。自此，罕拔"益感缅甸而恚中国"，他亲自携带金宝、象马前往汉达瓦底向莽应龙致谢。莽应龙见到罕拔后，甚是高兴，赠给罕拔许多礼品，与罕拔"约为父子"，还派兵护送罕拔出缅，木邦遂投向东吁王朝。当时云南有歌谣曰："官府只爱一张纸，打失（丢失）地方二千里。"

---

① 孟卯位于陇川境内，其余也应当在附近，为明帝国辖下土司。

潞江安抚使线贵得知罕拔投缅获得了很多好处，也亲自前往汉达瓦底拜见莽应龙，将明帝国边地虚实泄露，怂恿入侵。莽应龙被线贵说动，将两冈之地割让给他，让他招揽陇川宣抚使多士宁反叛，以动摇三宣。

多士宁初继位时，侄子多俺不服，投奔了莽应龙。多士宁怕多俺请缅兵来攻，曾备齐礼物亲自前往汉达瓦底说明情况。此刻面对线贵的招揽，多士宁只得再次前往面见莽应龙。多士宁见到莽应龙后，并没有表示要投向缅甸，反而向莽应龙要了一些大米。他将大米堆成百余堆，比喻中国幅员广大，云南不过其中一堆，而陇川更是力量微小不可妄动。莽应龙听后，内侵之念颇息，将多士宁遣还。

回到陇川后，正值指挥方谧率兵戍守蛮哈，多士宁将莽应龙准备入侵三宣及云南内地的两种方案告知，并说："永腾蛮哈，区区之隘，可恃以拒缅乎？"方谧默然无语。然而多士宁的话未能引起云南当局的重视，其后事态的发展证明多士宁预见是正确的，但为时已晚。

隆庆六年（1572 年），陇川宣抚司目把（西南少数民族中的小首领）岳凤弑多士宁投缅。岳凤为江西抚州人，嘉靖年间流寓陇川。当时陇川宣抚使多诠有二子，长子多鲤是庶出，多诠想立嫡子多鲸，但又怕多鲤不服。岳凤便教多诠制作了一个双嘴酒壶，里面半酒半水，有个机关可以切换。多诠招来二子，言明壶中半酒半水，以此来占卜，得酒者立为继承人。负责倒酒的正是岳凤，他自然为多鲸杯中注入美酒，使其成为新任宣抚使。多鲸对岳凤十分宠信，还把女儿嫁给了他。多鲸之子多士宁继位后，封妹夫岳凤为遮莫土司。不过岳凤不知感激，反而趁着多士宁前往缅甸，与多士宁的小妾私通。多士宁回来后发觉，岳凤便先发制人，杀死了多士宁，逃往缅甸。

此时，干崖宣抚使刀怕举也去世了，木邦罕拔请莽应龙袭取干崖，言陇川自会望风归附。莽应里与罕拔有嫌隙，献计说，陇川、干崖距离较远，应先占领接壤且时刻威胁缅甸的孟养，至于干崖、陇川，只消派兵援助罕拔，让他自行夺取即可。莽应龙同意了他的计策，只调拨 1 万缅兵给罕拔，而派莽应里去征孟养。期间，蛮莫土司思哲迎降，莽应龙纳思哲为义子。

《琉璃宫史》说，孟养土司思个因害怕客死异乡，所以不愿随莽应龙征讨万象，遂举旗反叛，但依旧不敢守城抵抗，于是逃向山林深处。莽应里率部搜寻了四五月之久不得，才在雨季将临时撤回。我国史书则称此次为莽应龙亲征，且"屡为孟养思个所败"，但也承认其后"思个退保猛仑，相持不绝"。

万历初年，多士宁死后移驻陇川协防的指挥方谧因病告归。岳凤得知后，便图谋陇川，但又怕为明帝国所不容，于是重贿莽应龙，拜他为父，引缅兵内侵。岳凤自己集兵数千先行，屯麓川江东岸，声言御缅，实则迎犒缅兵。缅兵到陇川，多士宁妻子罕氏见无法抵挡，于是带上印信，携二子和侄子罕朝光逃到永昌，对云南当局说："我二子多忠、多孝年幼，现今缅兵到陇川不留多氏一人，请缴印信另任用汉官管理陇川，我母子葬身永昌足矣。"但云南当局不知出于何种考虑，不仅不派兵援救，还强令罕氏一行返回陇川。岳凤见罕氏回返，以为来与他相争，只他不便出手，于是写信给罕拔，言罕氏带罕朝光往永昌，是为了与罕拔争木邦宣慰使，并声称愿为罕拔除去罕氏和罕朝光这个祸根。罕拔接信后，大喜，遂令罕章等率5000人马夜袭陇川，杀罕氏和罕朝光。岳凤得到了陇川宣抚使印信后，号称"扶拥幼主"多忠、多孝，据陇川臣缅。

万历三年（1575年），岳凤伪为锦囊象函，书贝叶缅文，向明帝国报告称："西南金楼白象主莽哒喇弄王书报天皇帝，地方无事。"同时，罕拔又为缅招抚干崖已故宣抚使刀怕举之弟刀怕文，要把自己的妹妹、刀怕举的妻子许配给他，让他成为干崖宣抚使，据干崖臣缅。刀怕文不从，携二子奔同知薛卫、守备李腾宵处，声言欲与罕拔战。方战，缅兵拥至，刀怕文溃败，逃往永昌，其侄刀怕宣寄食于潞江，薛卫、李腾宵退守南甸罗卜思庄（今云南省梁河县萝卜坝）。罕拔遂取干崖宣抚司印信，交其妹罕氏，并给缅铎[①]，干崖臣缅。

万历四年（1576年），莽应龙发兵攻孟养。早前，金腾兵备副使许天琦愤诸夷附缅甸不奉贡，派遣永昌卫指挥侯度持檄诏谕。到孟养，思个因为投降过缅甸，得檄后犹豫不决。于是他想出个法子，使人刻了两个木人，一个写"天皇帝"，另一个写"莽哒喇"，然后率部属礼拜进行占卜。结果，"天皇帝"卓立几上，"莽哒喇"倾坠于地，思个便决意倒向明帝国。莽应龙憎恶思个倡导诸土司倒向明朝，

---

① 缅铎和贝叶符是东吁王朝参照明朝"金字红牌"制度，赐予投靠者的信符，承认其在自己的保护之下。

发兵来攻。思个遣使告急，接任金腾兵备副使的罗汝芳答应与诸路明军联合应援。罗汝芳一面招募往来缅甸的商人往缅甸探其山川、道里、兵马、粮储；一面传檄诸土司背缅向汉，依期支援孟养。不久，探听缅甸消息的人返回，罗汝芳率汉土兵马赴援。十二月，明军至腾越（今云南省腾冲县）。思个得知援兵将至，遂率头目领兵万余，潜入阿瓦境内，断缅粮道，亲自督兵埋伏于戛撒（今缅甸沙杰）险隘之地，诱缅兵深入。布置妥当后，缅兵果然进入戛撒。思个坚壁清野，不与缅兵战，只伏兵于要塞险隘，绝缅粮道，准备待明援军到来，然后首尾夹击。缅兵被困日久，粮食缺乏，十分饥饿，他们用金买米，屠象马、剥树皮、挖草根以食，"军中疫作，死者山积"。莽应龙惧，欲与思个讲和，思个不许，再次遣使请求援军。近缅诸土司，如景迈、孟拱等知缅被困，纷纷集兵准备共同出击，但就在此时，云南巡抚王凝害怕"兵兴祸速"，驰檄止罗汝芳出兵援助，罗汝芳愤恨大骂，却也只能作罢。思个围困缅兵月余，力疲而援军不至。岳凤探知明军不出，遂率2000陇川兵由捷径往救莽应龙，莽应龙大喜，随岳凤从小道逃遁。思个得知缅兵撤退，率兵头戴罗汝芳给的赤帻追击，缅兵以为明军来追，大败。

不过在《琉璃宫史》的记叙中，此战却成了莽应龙大破孟养埋伏，孟养土司在交战中死于象背之上。只是又说在追捕孟拱土司的途中"大队人马因饥饿劳累纷纷病倒"，"煮饭时找不到水，便用雪团化水做饭"，很可能是讳败为胜。

"戛撒之围"虽使缅甸遭到重创，但由于明帝国未出兵援助，失信于各边地土司，威信在边地土司心中持续走低。

对于缅甸东吁王朝的不断入侵，

▲ 张居正像

张居正也曾过问此事。云南来京官员罗大参告知张居正，莽应龙"有兵百万，战象万余，西南诸夷尽为所并"，将来必为云南大患。张居正却不信东吁有如此强横的实力，他专门寄札给云南巡抚王凝，让他"修内治，饬武备"，使远夷至而近夷安，以我为主，不受"外夷强弱"影响。

万历五年（1577年），云南巡按御史陈文燧上疏，"请经理三宣等夷"，并条列十项对策；后又上疏请"复设参将驻扎三宣"，为兵部和云南巡抚王凝驳回。正如时人诸葛元声所说，"江陵（张居正）当国，兵不轻举，故王抚台（王凝）于边务多处以安静"。

此后云南当局不仅不受"外夷强弱"影响，反而为了维稳，主动去讨好莽应龙。万历六年（1578年），孟养将所俘缅甸兵象献于云南当局，巡抚王凝不仅遣使将兵象送还莽应龙，还附赠金币等物。使者至缅甸，莽应龙却佯装送还兵象不是缅甸的，不受，声称："我象如虎，我兵如龙，怎么会被孟养奴俘获？"在使者的强烈要求下，莽应龙才接收了兵象，只说这应是从边地不慎跑入孟养的，并将所受兵象发往边地。直至使者返回，莽应龙也不曾道谢。诸葛元声在叙述此事时，感叹道："莽酋是时已诱我木邦，侵我迤西（孟养），据我陇川，残我干崖；贼势如此，乃犹循循焉还其俘，重其币，欲求与解怨修好，所谓掩耳偷铃、割肉饵虎也。'安静'一言，误人至此，奈何！"

云南当局的姑息纵容，使孟养等忠于明朝的边地土司备受打击，此后更加孤立无援。万历七年（1579年），莽应龙再次发兵攻打孟养，思个因没有援助，逃亡腾越，在途中被手下执送缅甸，最终不屈被杀。莽应龙就此占据孟养。

至此，孟密、八百、车里、木邦、陇川、老挝、干崖、孟养等云南西部边地土司皆被缅甸东吁王朝控制，明帝国藩篱一撤再撤，但朝廷仍未采取有效反击措施，仍以"安静处之"。

万历八年（1580年），莽应龙以羽檄招三宣和腾越州卫官前往汉达瓦底拜见。金腾兵备胡心得招募间谍前往打探。莽应龙在给云南当局的文书中自称"掌管西南天下王莽哒喇招法"，假意道："我两国和好，天下百姓人等方才得安。"云南巡抚饶仁侃遣舌人（翻译）李阿乌招谕缅甸。李阿乌见到莽应龙后，先是宣扬天皇帝威德，不曾入侵缅甸；接着又提及王骥、蒋贵征麓川之往事。莽应龙听后许久不语，问："二公子孙做大官了没有？"李阿乌回答："在朝为公侯。"莽应龙听后色变。李阿乌又说罕拔、岳凤打着缅王的旗号侵扰汉地，莽应龙只推说不知，将李阿乌遣还。

▲ 明甲士（杨翌绘）

同年，岳凤设法毒死多忠，又遣子曩乌掳多孝去缅甸，假莽应龙之手杀之。多士宁兄弟多士能之子多思顺见状，逃往遮放。其后，莽应龙号称"仿古传贤"，授予岳凤印牌、缅铎，令他掌理陇川。岳凤就这样占据了陇川，此后他不但不替云南当局买象，亦不再奉行云南当局的各项文告，也不交纳差发银等，公然背叛明帝国。

木邦下属耿马土司罕庆是罕烈庶子，他嫉妒罕拔同样是庶子却继承了木邦宣慰使之职，于是向云南当局献计攻打缅甸，意图谋夺木邦。但他万万没想到他的弟弟罕虔也在觊觎自己的耿马土司之职，将他的计划密告给了罕拔与莽应龙。得到消息的莽应龙派人杀了罕庆，将耿马封给罕虔。罕虔把女儿嫁给了湾甸土知州景宗真，还与威远、大侯、镇康土官结为姻亲，几人结党投向缅甸。

万历九年（1581年），多士宁之女、陇川下属遮放土司刀落恩之妻多氏，恨岳凤叛杀父母、害死兄弟，密谋擒岳凤，希望得到云南当局的首肯。木邦罕拔为多氏舅，应多氏请求遣罕章率兵暗助，同时还有施甸莽国忠等都愿出兵相助。但是此时云南巡抚、巡按收到李阿乌从缅甸带回来的竹叶缅书，以莽应龙求贡上奏朝廷，不欲多生事端，又疑多氏是为报仇意图利用明军，于是没有立即同意。到次年准备动手的时候，岳凤已惊觉此事，此时罕章因罕拔命令不肯再出兵，谋划自然无法执行，但岳凤因此深恨罕拔。

缅历943年8月15日（1581年10月10日），莽应龙在出征阿拉干的途中病死于丹兑，莽应里继位。他受到岳凤和罕虔等人的极力怂恿，在父亲北扩的基础上，开始大举入侵云南内地。

内犯加剧，明军反击

万历十年（1582年）正月，云南当局令刀落恩护送多思顺回陇川，又派遣守备袁钦宠、抚夷同知萧奇熊等率兵前往陇川问罪岳凤。二月二十八日，岳凤与子曩乌挟陇川印信逃往缅甸。

岳凤见到莽应里后，详叙了遮放"背缅助汉"的经过，并说罕拔也曾助兵，背叛了缅甸。此时罕拔因恭贺莽应里登位正待在汉达瓦底，但他来的时候却先去见了莽应里的弟弟，莽应里由此对他起了疑心。罕虔的儿子罕怕闰这时也在汉达瓦底，他亦出力构陷罕拔。于是莽应里将罕拔沉入海中，并将其所带士卒全部杀死。

岳凤谗杀罕拔后，欲借缅甸势力重回陇川，于是向莽应里提出内侵云南："一据陇川，三宣唾手可得，求速遣缅兵。"莽应里又以此询问罕怕闰，罕怕闰道："镇康、湾甸、顺宁（今云南省凤庆县）、老姚（今云南省施甸县境内）、施甸与耿马相近，止三日程，要入永昌，吹灰之力。"莽应里遂决意发兵入侵云南内地。

十月，莽应里派兵200人、战象数十头、火枪兵数人前往镇康，调孟养、孟密、蛮莫等地之兵送岳凤回陇川。岳凤回到陇川后，令其子曩乌差人持缅文通报边地各土司，让他们齐心归顺缅王。

十一月，莽应里在蛮莫起兵，分兵三路入侵云南：一路出三宣，以岳凤为先锋，欲侵夺腾冲、永昌；一路出景东、镇沅，欲侵夺元江和云南府城；一路出顺宁、耿马，以罕虔为先锋，欲先攻取顺宁，然后再侵夺蒙化、大理。莽应里因是新继位，怕根基不稳，因而并没有亲自出征，《琉璃宫史》记载他令卑谬王德多达马亚扎和清迈王瑙亚塔明绍会合诸路兵马约17万向山达、当督等地进军，很可能就是指入侵云南的这次军事行动。

罕拔死后，其子罕进忠成为木邦之主。莽应里想斩草除根，恰巧此时木邦罕凤投缅，罕虔便与他合谋擒献罕进忠，他们以景宗真为向导，率缅兵追捕罕进忠。罕进忠仓皇携妻、子由怒江逃往云南内地。缅军尽掠罕拔家产、生口，之后，莽应里将木邦分封给下属。

与此同时，岳凤率缅兵攻破干崖宣抚司，俘罕氏及其子刀怕庚。接着，岳凤率缅兵入遮放，逐守备袁钦宠，俘多氏与刀落恩，将他们献给莽应里。刀落恩夫妇二人宁死不屈，莽应里遂将他们杀了喂鹰犬。但岳凤仍然不解恨，下令屠城。

随后，14万蛮莫、孟养土兵抵达盏达、雷弄，攻打二处。雷弄经历廖援极兵寡，

◀缅刀

弃城逃往盏达，与干崖副使刀思廷合兵驻守盏达，日夜盼望救援。干崖罕氏这时已经投靠了岳凤，她向云南当局报告称，此番干戈只是蛮莫与盏达之间的相互仇杀，云南官员竟然相信了她的话，不发一兵一卒。盏达因粮尽援绝，于十二月十六日午时被攻破，刀思廷妻、子、族属皆被俘虏。

当月，岳凤又引14万缅兵攻打芒市。芒市土司放福是岳凤亲家，对其毫无防备，须臾战败。放福逃往山上，其后请降。缅兵长驱直入，开往猛弄，此地距离潞江仅二日路程。

景宗真与顺宁有宿怨，他以老姚莽光国、施甸莽国忠为内应，与罕虔一起声称追捕罕进忠，率缅兵冲入姚关。而岳凤也在放福的引领下，到达平戛。

万历十一年（1583年）正月初一，缅兵渡过潞江，焚掠施甸，屠戮甚众。其后，剖孕妇占卜，若是男，则攻永昌；若是女，则寇顺宁。结果剖得一女，于是在正月十五日率兵焚攻顺宁。顺宁猛效忠、莽惠麀战阻击，斩首350余级，但还是抵挡不住缅军势大，城被攻陷。景宗真为报旧怨，大肆屠戮。

当时，腾冲只募有1000兵丁，永昌仅亦只有数百卫兵。是故顺宁城破之日，永昌震恐，将城门用石头垒死，只留一门出入；蒙化、腾永戒严；云南全省震动。

缅军占领陇川、干崖后，"三宣"只剩南甸。南甸宣抚使刀落参表面上效忠明帝国，私下里早就和岳凤暗通款曲。这时候云南当局开始部署反击，胡心得设计擒获刀落参、老姚莽光国、施甸莽国忠，将他们一并正法。芒市放福、放国忠、放正堂父子三人也被杨际熙擒获，在省城被处斩，缅甸内应尽绝。

二月二十四，岳凤子曩乌领兵6万，攻破猛淋寨，楚雄指挥吴继勋、鹤庆千户祁维垣等战死。云南巡抚刘世曾急调近地汉土兵防御，又招抚附近土司协力防剿。在胡心得的指挥下，明军接连取得了罗卜思、南甸、章拜菁、盏达四捷，暂时挡住了缅兵入侵的脚步。

由于缅甸大举入侵已严重危及云南西南边疆的安全，明廷开始调整治边政策，采取积极策略进行反击。二月二十八日，首辅大学士张四维等奏准将云南库存矿课银20万两留云南，用作云南汉土官军的粮饷。闰二月十一日，明廷同意云南巡抚刘世曾的奏请，任命武靖参将邓子龙为永昌参将，南京小教场坐营刘綎为腾越游击，各自募兵3000进行防御，并准许带家丁；后又因刘世曾所请，募兵人数加至5000，并"副以土兵"。二十四日，按照兵科都给事中张鼎思等人的建议，黔国公沐昌祚移驻大理洱海，巡抚刘世曾移驻楚雄，征调汉土军数万，令参政赵睿守蒙化，副使胡心得守腾冲，陆通霄守赵州，佥事杨际熙守永昌，与监军副使傅宠、江忻督率参将胡大宾等分道进击。

明帝国部署完毕后，便展开了反击。在盏达、陇川、喃哈等地，明军与缅军战了十余场，《万历武功录》中详列了这些战役的战绩，明军共斩首1600余级，其中头目数人。经此打击，缅兵开始从遮放、孟定退却。

莽应里得知明帝国出兵反击后，命令缅甸、孟养、孟密、蛮莫、陇川兵在孟卯会合，以岳凤为主将；车里、八百、孟艮、木邦兵在猛炎会合，以罕虔为主将，准备再次发兵入侵。莽应里害怕明军南伐，以境内汉人为内应，下令将江头城外大明街经商、游艺的汉人"举囚于江边，纵火焚死，弃尸蔽野塞江"。

就在云南当局展开反击的时候，邓子龙领兵3000来到云南。他知道缅甸所依仗的是象兵，所以预先做好了准备。在明代编纂的《元史》中，对缅甸象兵有如下记载："象披甲，背负战楼，两旁挟大竹筒，置短矛数十于其中，乘象者取以投掷击刺。"自明初沐英以火器击败与缅甸相似的麓川象兵后，用火器破象兵已经成为明军共识，刘綎幕僚所作《西南夷风土记》就写道："夷中本脆弱，恃象以为强，能晓破象之诀，则夷兵不足败也。火笼、火砖、火球、火箭、喷筒、雾炮、九龙六龙桶，皆破象之长技，然施放必得其法；搅地龙、飞天网、地雷炮，尤杀象之巧术，而布置自有其方。"邓子龙对此是了然于胸。

邓子龙与云南官员商议后认为，岳凤虽然势大但僻在一隅，而耿马却是云南诸路总会，牵制全滇，如打败罕虔则岳凤为囊中之物。定下擒拿罕虔的计划后，明军于五月十七日进入永昌。在永昌，邓子龙下的第一道命令就是打开石头垒死的城门，将剽掠百姓的卫戍士卒斩首示众，安定民心。

三日后，邓子龙离开永昌，他发誓说："不复三宣诸郡，不擒罕、岳诸夷，不平西南一统，不复入此关。"到姚关，他见到缅军焚掠后遗留在道旁的累累白骨，愤然与麾下将士誓师道："与汝三千人来八千里，以赤心同死生，虽寇数百万，乌合何足惧！断不共此天。"士卒皆感奋，拔剑扼腕欲与缅军决战。

罕虔等人原是以追捕罕进忠的名义率缅军尾随而至，攻打姚关的，因此姚关的官员提议，将罕进忠交给缅军，止息兵端。邓子龙坚决反对，他说："使缅既得忠，复求大理可乎？复求滇省可乎？头可断，进忠必不可与。堂堂中国，不能为内奔者作张主，何以威远？"但罕进忠已被送出，邓子龙只得急忙派人将其追回。

邓子龙抵达姚关后，缜密布防，亲自前往怒江查看地形，并在姚关及附近筑营垒、列烽墩。他以把总陈信为前部，驻军关外，吴松、范进、胥朝、余胜所部为辅佐；以邹良臣为左部，驻军摆跨，叶武等人为辅佐；以杜亮为右部，驻军茨竹坪，万邦宪等人为辅佐；以邓勇为奇兵，绕后设伏于猛波萝，截缅兵归路。又置粮于关前的锡窝营、猛堆营、猛波萝营，还叮嘱防守军营的士卒，缅兵来了不要接战，直接撤退。

此时，景宗真假装投降前来打探消息。邓子龙不顾旁人提醒，将他纳为心腹，出入不问，意图用他为反间。景宗真对邓子龙的布置并不了解，他观察一番后认为邓子龙率兵初至，云南当局征调的兵马尚未集结完毕，便秘密通知缅兵来犯。

侦报一日数至，邓子龙知缅军准备进攻，便故意对景宗真说，他对缅军象兵甚为忧虑，准备以红色纸笼吓唬大象；接着又道，缅军离此尚远，欲带景宗真一起前往离姚关较远的松坡筑营，令士兵每日砍伐大竹子。景宗真问其故，邓子龙骗他说伐竹是为了给军营取水。景宗真认为，从松坡到姚关需要三日，便传信让缅兵趁邓子龙不在时尽快攻下姚关，并预计十一月初三可入施甸，初六可攻破永昌。

到达松坡后不久，景宗真便借故离开了。邓子龙见景宗真上当，便取道西山小径，把竹子扎成竹筏由潞江返回，一昼夜便回到了姚关。缅军收到景宗真传回的消息，又见关前邓子龙军各营不整，且遗下大批粮食，便以为邓子龙已经弃粮而逃，于是争先来犯姚关。

初二，缅军渡过猛菠萝；初三凌晨，逼近姚关。邓子龙早已设好沟垒，令前军偃旗坚守不出。一直僵持到日落时分，缅军又饥又渴，未能寸进。邓子龙见机会来了，亲自率领中军出击，左右伏兵尽出，旌旗鼓动，杀声震天，火器齐发。火箭射中大象，大象受惊四散逃窜，数名缅甸红衣头目立时跌落象背。明军左右翼冲击敌阵，缅军大溃，"尸横满山，血流满间"，被明军斩首千余级。余下缅军纷纷从草坡滚下逃跑，三年间此坡上的草歪倒于地，没有再长，被时人称为"偃草坡"。

邓子龙率军追击，至攀枝花展开夜战，缅军大败，争渡怒江。这时邓勇已率伏兵截断桥梁，缅军"投尸水中者如蚁，水为尽黑矣"。景宗真中火箭而死，其弟景宗才被活捉，岳凤的儿子曩乌带伤狼狈西逃。

战后，邓子龙发布《约束土司檄》诏谕诸土司，檄文中说："顷者老姚关之捷，莽孽景宗才就擒，贼已褫魄，剪灭涤荡，近在朝夕，正若属奋身立功之秋也。"目的是让诸土司认清形势，与明军协力攻缅立功，并对各土司叛附缅甸的罪责不再追究，"其一二愚昧为所胁诱者，已往不问，咸与维新"。假使土司协助明军御缅，"慕义效忠，僇力赴敌，或助兵以隶行间，或助饱以奉战士。为我贞候，得其声息；为我反间，摧其党羽；为我挟刃，刺之帐中；为我遮截，遏之阃外；为我犄角，击其侵铁；为我设覆，绝其归路"，朝廷将"益封进秩，赐赉金帛，以酬尔劳"；而那些仍旧归附缅甸的土司，则"灭尔封土，歼尔族类，俾无遗育，必不尔赦"！

邓子龙考虑到景宗真虽死，但罕虔势大依旧不好对付，于是将景宗才放回，让他传话给罕虔，说此兵端皆因罕进忠起，他愿将罕进忠交给罕虔，并上奏朝廷封罕虔为宣慰使，以求罢兵，诱其前来。罕虔本不相信，但听探子回报说邓子龙

▲ 邓子龙雕像

▲ 邓子龙手书"烹象处"

已将罕进忠绑在辕门，便欣然率缅兵前往湾甸接管罕进忠。万历十二年（1584 年）正月二十日，明军伏兵尽起，生擒罕虔，斩首 800 余级。

罕虔子招罕、招色等闻罕虔被擒，乃退回耿马，集八德、猛库等部之兵守险，又把家眷送上三尖山，此山十分险峻，易守难攻。邓子龙擒获罕虔后，将除他以外的全部战俘统统释放，假装退兵，令招罕等人放松警惕。趁着敌人松懈的空当，邓子龙遣邹良臣率军绕过怒江，进至孟定，佯攻耿马老巢八德。招罕手下兵将闻之，纷纷前往救援，招罕势孤，退守三尖山。

招罕认为三尖山是天险，明军必定无法攻上，只令叔父罕老率蒲人药弩手 500 余人防守小道，只因从此小道西北可以攀援登上后山。但他却不知，邓子龙早已通过间谍贿赂了蒲人，知道了这条捷径，并派出邓勇、吴松率骁勇土兵趁着夜色由此处攀藤上了后山设下埋伏。天刚一亮，邓子龙便率军攻打前山，后山伏兵听到约定信号，直捣山前，火器尽发，敌军象马受惊四散逃窜，士卒坠崖而死者无数。明军捕获招罕、招色、罕老等头目 38 人、下属 100 人，斩首 519 级，夺获战象 12 头、马 34 匹、器械 190 余件。罕虔闻状，在槛车中自杀身亡。邓子龙三战三捷，彻底消灭了附缅土司耿马罕虔父子，"声震诸夷"。

邓子龙出兵姚关后，刘綖旋即出腾越。先前，邓川州土官阿钰[①]，为多士宁女婿，曾遣使劝岳凤擒莽应里投诚。此时，邓子龙、刘綖出军反击，岳凤心有惧意，阿钰趁机单骑往见岳凤，晓以大义，让他招抚诸土司投降。岳凤同意了阿钰的建议，于万历十一年七月遣侄岳亨赴永昌，刘綖知悉后遣人谕以祸福。十一月[②]，岳凤又遣妻刀氏、幼子喃歇和大头目陇汉等 96 人前来请降。刘綖提了五个条件："第一，斩陪臣首；第二，追获罕氏并干崖印信；第三，献伪篆（印）；第四，献被虏男女；第五，招徕迤西。"[③]岳凤仅肯给出"伪关防（印）一颗、生口一十八人、象一头、马五骑"，刘綖认为岳凤诚意不够，不同意投降。

---

① 《明史》作何钰，本文据《邓川州志》改。
② 《明实录》作十二月，据刘綖《擒逆凤奏捷露布》改。
③ 在《明实录》的记载中，这些条件是给蛮莫提的，应误，毕竟罕氏与干崖印信在岳凤手中，今从《万历武功录》。

此时，曩乌带伤逃回陇川，岳凤大惧，又遣他将罕氏与干崖金牌、敕书以及缅甸象马尽数献上。于是刘世曾上书请赦岳凤，让他招徕附缅诸土司。岳凤听闻后，开始松懈起来。十一月二十六日，刘綎突然誓师，以送凤妻、子还陇川为名，分兵趋沙木笼山，据其险，而自己则率兵驰入陇川。岳凤见已被包围，只好率众在陇川郊外迎降。

刘綎率兵到腊底时，擒获陇川间谍，从其口中得知驻扎在陇川的缅将散夺已知明军动静，乘象而逃，只留数十人驻扎陇川。刘綎亲自督战，四面围攻陇川，岳凤为内应，最终擒获缅甸36名头目，"夺获缅书、缅碗、缅银、缅伞、缅服、蟒牙、衣甲、刀枪、鞍马等物甚众"。这之后，岳凤告知刘綎，缅将散夺与遮改等在猛脸（孟连）重新集结兵力，欲再度来犯。刘綎率军两昼夜急行军400余里，直入莽壁，缅军大惊，欲溃围而逃但已经来不及了。刘綎挑战，"斩首虏八十五级，生得散夺等六百三十二人，夺获象马十六头，缅衣诸什物亡算"。

蛮莫思顺得知岳凤内附，随即通报缅兵，欲邀各土司会兵攻打陇川。不等思顺行动，刘綎便携岳凤父子乘胜出击，分兵三路进讨，出其不意地攻下了蛮莫，蛮莫"奉牙象三头、古喇锦二纯、琥珀二函"，思顺乞降。

攻降蛮莫以后，刘綎进兵孟养，孟养思义归降。孟密思混此时改名思忠，率思化、思恨、丙测等上缴缅伪印请降。木邦罕凤见状，逮捕缅将喇诹慢等，杀缅兵千余，也来请降。明廷便以多思顺为陇川宣抚使，思忠为孟密安抚使、思化为土同知，罕进忠子罕钦为木邦宣慰使。

其后，刘綎率兵出陇川、孟密，直抵阿瓦。阿瓦王德多明绍（莽灼）为莽应龙之弟，他女儿纳信梅道为莽应里王储摩诃乌巴亚扎的王妃。纳信梅道与摩诃乌巴亚扎不和，互相推搡之下，纳信梅道撞着床角，额头顿时鲜血直流。纳信梅道用衣服擦拭血污，然后将血衣密封在盒内，寄送给父亲阿瓦王德多明绍，并带话说：摩诃乌巴亚扎只倾心于清迈王之妹达杜加勒亚，对其精心照料，而对她则不疼不爱，敷衍应付，所以内心疼痛万分。阿瓦王闻讯非常气恼，思忖："我去世后，女儿岂不为他人之奴？"自此，阿瓦王已有反叛之意，并曾致书兄弟卑谬王、清迈王试探他们的态度。此刻刘綎兵临城下遣人招抚，阿瓦王干脆就投向了明帝国。

万历十二年，刘綎自阿瓦回兵驻扎蛮莫，继续"招抚诸夷"。二月十一日，

▲ 威远营誓众碑拓片

刘綎在威远营与孟养、孟密、木邦、陇川诸土司，筑坛盟誓，并刻石碑立于大金沙江岸。此碑于1929年出土于蛮莫旧城瑞亨山，碑文内容是：

> 大明征西将军刘，筑坛誓众于此，誓曰：六慰拓开，三宣恢复。诸夷格心，永远贡赋。洗甲金沙，藏刀鬼窟。不纵不擒，南人自服。
>
> 受誓：孟养宣慰司、木邦宣慰司、孟密安抚司、陇川宣抚司。
>
> 万历十二年二月十一日立。刻石。

至此，明帝国基本收复了嘉靖以来被东吁王朝逐渐侵占的云南西部边地。

刘綎收服岳凤之初，就考虑以岳凤作为招降诸叛夷的旗帜，许诺不杀岳凤，使诸附缅土司以此为标榜纷纷请降，即"抚岳凤而姑纵之，欲南夷闻风而怀服"。不过，巡抚刘世曾却认为应该将岳凤"献俘以彰天讨"，并上奏明廷。明廷也认为："岳凤父子本以华人，甘为逆党，三宣六慰，远近震惊，实神人所共愤，王法所必诛者，委应献俘阙下。"接到命令后，刘世曾害怕岳凤逃往缅甸，敦促刘綎逮捕岳凤父子，刘綎不得已从之。

莽应里对阿瓦王的背叛十分愤怒，他怀疑身边的大臣也有人参与此事，"将自己不信任的臣相三十余人投入囚笼烧死"。这是《琉璃宫史》的记载，但根据当时亲历其事的威尼斯商人鲍贝的笔记："不论妇孺与襁褓婴孩，概予拘留……计焚毙者大小共四千口。"莽应里肃清"内应"之后，率军15万亲征阿瓦。在阿瓦城外，莽应里与叔父阿瓦王德多明绍乘象对战，莽应里获胜，阿瓦军最终溃败。阿瓦王率2000残兵内奔腾越，意图会同明军直驱汉达瓦底，但不幸于途中病死，腾越知州陈克侯将之安葬。

张儒臣、李朝等集缅甸土舍猛永顺、孟密思化、蛮莫思顺等土司援阿瓦，但雍会、猛岭却起兵应缅，致使缅兵获胜。蛮莫思顺内奔腾越，莽应里率兵追至蛮莫。五月二十四日，孟密又与缅军交战，失利。六月初，"暑盛多瘴"，莽应里听闻贵州兵因多患瘴病将归，认为明军怕瘴暑不足为敌。其时，把总高国春率军500入援，会合先前来援的3000明军以及蛮莫、孟密下属蛮酒、阿线、养凯、蛮弄、允莫、八外等诸部土兵。高国春等不避瘴暑之难，主动出击，身先士卒，破莽应里军数万，连摧六营，成就西南战功第一。

九月初二，明神宗在"御午门楼"举行献俘礼，诏磔岳凤等于市，接受文武百官致辞称贺，庆祝西南平定。

不过，岳凤之死虽"最快人心"，但恐怕只是一时之快，时人于慎行评论说："降而杀之，非示恩也；许而背之，非示信也……诱降小夷，致而杀之，不但失恩、失信，亦损威甚矣。"当初叛明附缅者又何止岳凤一家，正是刘綎不杀岳凤的承诺，吸引了那些叛明者重新归附。岳凤被杀后，这些重新归附明帝国的土司立刻感到惶恐不安，孟密思忠率先再度投缅。虽然思忠不久就病死了，没有引起大的连锁反应，但此举依旧为明帝国西南边疆埋下了隐患。

冲突延续，边疆内缩

万历十三年（1585年）正月初八，明廷升孟密安抚司为孟密宣抚司，添设蛮莫、耿马两安抚司，猛脸、孟养两长官司，姚关、猛淋两千户所；并命刘綎以副总兵署临元参将，移驻蛮莫。

刘綎幕僚在《西南夷风土记》中指出，蛮莫"后拥蛮哈，前阻金沙，上通迤西、里麻、茶山，中通干崖、南甸、陇川、木邦、芒市，下通孟密、缅甸、八百、车里、摆古，诚为水陆交会要区，诸夷襟喉重地……且居莽贼上游，虎视六慰，虏在目中。设欲犁庭扫穴，建瓴之势，易为力也"。正是由于蛮莫的地理优势，明廷才在刘綎等人的建议下，设大将行营设于此地，并委派刘綎驻守，准备筑城。

刘綎驻兵蛮莫后，丝毫没有因为暂时的平静而有所懈怠，他认识到"疆宇虽已廓清，莽酋犹然肆（势）大，若不亟加剿灭，终为祸根蔓延"。为了对付缅甸象阵，他用自己的俸薪"收买战象三只，冲演兵马"。此外，他还提出了"改土设流""屯田足食""土著足兵"等可行策略。

但是，刘綎性贪，御下无方。在蛮莫，他不仅向土司思顺索要金宝、牙锦等物，还放纵把总谢世禄、夏世勤、陈其正强暴思顺的妻妹。而他手下的把总廖文耀、王化龙在腾越以克扣兵饷为由作乱，焚城中民居170余家。刘綎虽急忙前往腾越镇压，但早就不堪忍受的思顺趁机出奔缅甸。

云南巡抚刘世曾将蛮莫之事上奏朝廷，请求将刘綎革职，明廷同意了他的建议，以刘天俸代之。申时行担心思顺外逃附缅会引发一系列连锁反应，特地寄信给刘世曾："思顺叛逆，虽不足为大患，然恐诸夷因而解体，三宣无外蔽，腾冲有内变，此不可不为虽虑。"果然，思顺外逃为云南边地引来了新一轮战争。

蛮莫思顺归附缅甸后，莽应里大喜，认为孟密、孟养以及三宣又有叛离明帝国的兆头，可以轻易被人占领。万历十四年（1586年）六月，莽应里遣喇缅腊塔答等率领阿瓦、遮浪兵，令遮鲁等八城各发兵2000人，分兵两路入侵云南：一路攻孟养，一路攻三宣，声称抓捕孟密思忠的母亲罕烘。我国史料说此次莽应里亲率精兵3万、战象数百骑，移驻阿瓦江督战，但据《琉璃宫史》记载，此时莽应

▼复原的汉达瓦底宫殿

里在汉达瓦底，并未参战。

孟养境内的密堵、送速二城靠近阿瓦，莽应龙在位时曾被缅甸占据，后刘綎出兵收复二城归还孟养。此时莽应里也派人向二城征兵，二城不应，莽应里大怒，遣兵十余万攻打二城。孟养思义战败，自缢而死，缅甸占据二城。

孟养势孤，欲联合孟密、蛮莫共同御缅，但蛮莫思顺之母罕送却不想出兵。金腾兵备李材查知此事，令刘天俸密遣把总寇崇德从中说合，罕送这才同意与孟养联合。恰巧此时缅甸派遣使者喇歪前来迎接思顺家属，罕送畏惧缅兵杀戮过重，不愿前往缅甸，孟养便与蛮莫一起出力将其杀死。李材又设计诱杀了莽应里的耳目多囊章（又作大囊长、大朗长），孟密、蛮莫等土司遂坚定决心共同御缅。

莽应里得知喇歪、多囊章身死，归怨于孟养，遣大头目统兵十余万来攻。孟养土司思威差人向云南当局请求援兵，说只有汉兵火器才能破缅军象阵。抚夷同知宋儒认为道远，难发兵救援，但李材反驳说："先年缅甸侵犯属夷，不援致失夷心，纷纷归附缅甸。藩篱既失，岳凤才得长驱而入，往事不可不鉴。"仍遣刘天俸督兵往援。

刘天俸令把总杜杖、李朝率募兵1500人往助孟养，并授予孟养兵赤帻、旗帜，许以重赏。汉土兵共进至遮浪，缅军见状以为明军大至，惊溃，思威乘胜斩缅首千余级。

杜杖、李朝等又击破遮鲁、哒喇等城，并趁夜包围了密堵城。但密堵城上士卒发现了明军踪迹，缅将猎挽、岳哈忙乘战象，率标枪手数百由西南突围，防守该方位的明将范斌战死。李朝大怒，率兵百余人拦截，以火砖、火箭等火器齐齐朝缅军打去。缅军战象四散奔逃，自相践踏而死者不可胜计。岳哈被流矢击中坠象而死，猎挽则遁逃阿瓦江。之后，思威顺利收复密堵、送速二城。

万历十六年（1588年），孟养因"感天兵救助德威"，遣使入贡。但此时李材、刘天俸却因斩获首级数量不实而被逮下狱，云南官员多为其鸣不平。

九月，缅军攻孟密，罕烘弱不能拒敌，率子思礼、思仁内奔猛广，孟密为缅甸占据；思化、思豪则内奔蛮莫，"占争蛮莫，聚众暴横"。蛮莫思顺母罕送因蛮莫为孟密所辖，惧而弃蛮莫，内奔腾越。云南巡抚萧彦等欲扶立罕送，使其仍归蛮莫，但明廷认为不可轻启兵端，萧彦便密令抚夷同知漆文昌往蛮莫处招抚思化。漆文昌单骑入思化营，宣谕朝廷恩威，思化听命，但说："思顺叛汉归缅不当有蛮莫，奴有助孟养杀缅贼之功，现无所归，愿寄食蛮莫。"漆文昌同意了这一要求，但此举更加刺激了已归附缅甸的思顺，他为了夺回蛮莫而多次引缅兵来攻。

万历十八年（1590 年）五月，莽应里为报密堵、送速之怨，派遣幼子明基囊统兵 10 万攻孟养。此时孟养思威已死，思远因缅兵入寇急迫，弃城逃往孟拱，在孟拱加固城池壕堑防守，并向云南当局求援。把总刘朝前去声援，但因缅兵势大不能敌，孟拱被攻破，思远与子思昏奔盏西（今云南省盈江县境内）。明基囊封堵罕于孟养、翁罕于孟拱。十一月，明基囊攻破猛广，孟密罕烘、思礼与投缅的思忠之妻甘线姑内奔陇川，思仁奔雅益，丙测奔工回。

万历十九年（1591 年）年初，明基囊继续率猛别、阿瓦军，纠堵罕、翁罕兵象围蛮莫，思化告急。二月，明廷重新启用因永昌兵变被革职的邓子龙。邓子龙率兵抵达罗卜思庄，时天热难耐，军队无法前行，于是他令万国春选兵 200 人，星夜驰援蛮莫，与思化联合。邓子龙嘱托万国春夜晚必多举火炬，以为疑兵。缅兵远望火光，以为明朝大军来攻，趁夜而逃，万国春发兵追击，"俘斩八十七级，捕获生口二十三人"。

万历二十年（1592 年），孟密思仁、丙测叛明附缅。原来，思仁与嫂嫂甘线姑有私情，欲娶其为妻，母罕烘不许，思仁便从雅益率兵象进犯陇川，打算将甘线姑掳去，但多思顺已有防备，思仁未能得逞。思仁惧怕云南当局问其率兵侵犯邻境之罪，遂携丙测奔缅。思仁附缅后，莽应里任其为孟密土司，数度引缅兵来犯。云南当局于是将罕烘、思礼移置于芒市。

六月，莽应里遣使摆线从孟养出发，招抚陇川、干崖、南甸诸土司。云南当局闻之，给缅使发去文告，令其回缅。九月，思仁引阿瓦、孟养兵来犯蛮莫，思化内奔等练山（今云南省陇川县境内）。邓子龙出兵等练山救援，缅兵则屯于遮邀。邓子龙主动出击，与缅兵大战于控哈，斩敌百余人，把总李朝、岳顺战死，缅兵退屯沙洲。明军无船渡江，与缅兵相持月余后，缅兵方才退走。

万历二十一年（1593 年）十二月，蛮莫思顺死于缅甸，莽应里便把蛮莫封给了允墨。允墨纠集孟拱堵罕、孟养翁罕、孟密思仁诸土司兵，号称"兵三十万、象百只"，攻打蛮莫，思化败走。缅兵立即在蛮莫设立九大营，然后分兵数道，追剿思化：一路入遮放、芒市；一路攻腊撒、蛮颡；一路入杉木笼山，袭陇川。陇川多思顺不敌，逃往孟卯，腾永再次大震。

云南巡抚陈用宾认为："蛮莫必不可弃；蛮莫存，江（大金沙江）外诸夷尚顺中国；蛮莫一弃，则木邦、八百等夷皆为缅顾使矣。"万历二十二年（1594年）正月，陈用宾亲自坐镇永昌。他与沐昌祚调集汉土诸兵，分作四路，以参将王一麟夺等练，中军卢承爵出雷吟，都指挥钱中选、张光声出蛮哈，守备张光胤从小路出打线，约定三月二十六日合击缅兵。虽说分为四路，实际上只有东、西两路：王一麟、卢承爵统领西路军，钱中选、张光声统领东路军。东路军先至蛮哈，因出其不意一战而胜，擒获敌众颇多。西路军中，王一麟一直坐镇陇川不出；卢承爵军则与缅兵在栗柴现撞上，缅兵先是示弱引诱明军追至崖箐，然后伏兵尽出，明军被杀千余人，宁州目把者义战死雷哈，把总李乾战死邦囊，卢承爵死战幸免得脱。幸而此时东路兵来援，火器齐发，逼得缅兵火焚等练诸山后退兵，明军这才收复蛮莫。

缅兵退后，多思顺因此次缅兵入侵是多俺引导的，于是纠集思化并芒市多泰等击多俺，杀其子多荒，多俺逃往木邦，后归附缅甸。十二月，多俺纠集思仁、丙测由孟卯袭遮放，明军将其击退，斩首百余级。丙测遁逃，多俺虽逃出生天，后却为木邦罕钦所杀。

同月，陈用宾以巡按李本固的防御体系为基础，兴建八关以防御缅甸，其中西四关神护、万仞、巨石、铜壁属蛮哈守备，东四关铁壁、虎踞、天马、汉龙属陇把守备。其各关隘之兵力"不过二三十名"，八关总兵力也不过"官兵一百八十四员"，而且只在春冬防守。

由李本固提出的这套防御体系，意在防止缅甸进入三宣、腾永，同时阻止关内诸土司挑衅，而对于三宣之外的土司则不予过问。正因如此，八关的建立使关外土司产生了错觉，认为八关是明帝国的边界。缅人也曾说："屋瓦者汉人；茅房，我故地也。"八关所在之地设有公署，应当为瓦屋建筑，这些建筑非常醒目地树立在三宣与六慰之间，成了缅甸侵占八关以外孟养、孟密、蛮莫、木邦等土司的借口。

八关二堡设置于万历二十二年十二月至万历二十四年（1596年），在此期间及之后云南边地确实一度趋于平静，所以有了"业已设雄关八，缅不可犯"的说法。但实际上，这是因为莽应里为人刻薄又过分好战，此时统治已陷入危机，《琉璃宫史》说他"经常使王子、王弟、皇亲国戚、文臣武将、士卒兵勇心中不悦"，"既不能使僧伽们心情愉悦，又不会体贴城乡人民，更不珍惜他人性命"。所以，当莽应里第五次征讨阿瑜陀耶失败、王储战死，汉达瓦底又爆发鼠灾导致严重饥荒的时候，卑谬、东吁、清迈地等纷纷反叛，甚至被莽应里派去平叛的良渊王明耶仰达梅（雍罕）也在出征后举起叛旗，缅甸又陷入了分裂时期。

缅历 960 年（1598 年），东吁与阿拉干联军包围了汉达瓦底。因城内粮食缺乏，贵族显要们纷纷投降东吁王，甚至新王储明耶觉苏瓦也背着父王莽应里投奔东吁大军。心灰意冷的莽应里放弃抵抗，让位于弟弟东吁王。阿瑜陀耶趁机发难，以扶助莽应里的名义兴兵 12 万进军汉达瓦底。东吁王弃城携莽应里返回东吁，阿拉干王将汉达瓦底付之一炬后也由水路撤回。其后，莽应里在东吁被杀。

就在汉达瓦底被包围之际，莽应里的另一个弟弟良渊王在阿瓦立国称王。良渊王梦想着恢复缅甸的疆域，开始着手对掸族土司进行征伐，因为他认为"待征

▲ 泰国雕像：缅甸王储战死

服整个东掸及北掸地区后"，阿瓦将"成为力量强大的国家"，下缅甸地区就会"犹如笼中之鸟，有翼也难飞了"。

莽应里统治陷入危机后，孟养思轰于万历二十六年（1598年）六月弃缅内附明帝国。翌年九月，良渊王遣长子率100头战象、500名骑兵、2000名士卒征讨孟拱、孟养。孟养思轰率大军在内巴布山固守，但因兵力薄弱不支败北，随即渡河扎营进行坚守，并派人请援。云南当局令干崖、南甸土兵赴金沙江救援，又令蛮莫思化之子思正出兵坎哈截断阿瓦军归路，阿瓦军遂被击溃。

万历二十八年（1600年）十月，云南税监杨荣奏请开采宝井。然而，此时孟密等产宝石的地区依旧为缅甸控制，加之连年兵乱，采买实不容易。杨荣却不顾及这些情况，不仅让各州县搜刮百姓，还派吴显忠前往阿瓦开宝井，为换取宝石在各土司辖境制造了诸多事端，从而为良渊王夺取云南边地制造了机会。

蛮莫思正不听杨荣号令，且常常打劫往来商旅，威胁到宝石采办，于是杨荣勾结良渊王欲杀思正。万历三十年（1602年）二月，良渊王亲率战象400头、骑兵5000人、士卒50000人攻打蛮莫，声言："开采（宝井）汉使令我杀思正以通蛮莫道路，吾为天朝除害！"木邦因与思正有仇，也发兵助其讨伐蛮莫。

思正得知良渊王前来征讨，便修筑城防工事准备迎战，但后来见对方兵马众多，自思无力抵抗，便弃城内奔腾越。阿瓦和木邦兵尾随而来，历三宣，越诸关，直抵南甸宣抚司黄连关，距腾越仅30里。腾冲城大为震动，金腾兵备副使漆文昌、参将孔宪卿担心缅兵攻破腾冲城，决议杀思正，以止兵端，于是派把总郑有庸等三人相机行事。三人引思正入永昌，但在渡龙川江的时候，郑有庸趁思正登象走脱不得，用标枪将之刺杀，割取首级。其后，又派人将尸身送给了阿瓦。

缅甸史诗《明耶岱巴埃钦》对此写道："八莫土司，背叛抗上。奔向中国，远方逃亡。击响战鼓，紧追不放。喧嚣往讨，望勿窝藏。无由留此，不能鲁莽。国事难宁，无利遭殃。乌底勃瓦，反复思量。来人虽死，将尸送上。大王陛下，重返国邦。"

三年后，蛮哈守备李天常前往蛮哈任职，行至橄榄坡驿时，听到"有鸟常彻夜鸣，甚悲"。李天常感到奇怪，便询问当地夷人，夷人告诉他，"自思正死后，即有此鸟，为思正魂魄"，并向李天常叙述了思正冤死之状。李天常感触颇深，向天祷告："若果思正，当为尔复仇复地。"鸟遂不鸣。由此故事可以看出，当地夷人对思正内附却被杀的遭遇十分愤慨和悲痛。

邓子龙当年说过："堂堂中国，不能为内奔者作张主，何以威远？"杀思正退缅兵的做法，使明帝国的权威在云南西部边地土司心中一落千丈，认为"内附不保首领、土地，而附缅得安全"。是故，自思正死、蛮莫失，孟养、木邦亦相继失陷。良渊王在夺得木邦后病逝于返回阿瓦途中，其子阿那毕隆继位，他遵循父王遗命——"恢复汝祖白象之主（莽应龙）之全部疆域"，挥军南下，不再对北方用兵，滇缅边境才得以平静了下来。

至此，孟养、孟密、蛮莫、木邦等云南西部边地为阿瓦所有，成为阿瓦统一缅甸的大后方，而明帝国只能对八关以内的"三宣"等土司行使任命、升赏等权力。崇祯年间，徐霞客游览云南边地后，在其游记中感慨："大概'三宣'犹属关内，而'六慰'所属，俱置关外矣。遂分华、彝之界。"云南西部疆域大大退缩。

参考文献

[1]（明）诸葛元声.滇史 [M]// 杨世钰,主编.大理丛书·史籍篇.昆明:云南民族出版社,2012.

[2]（明）包见捷.缅甸始末 [M]//（明）刘文征.滇志.昆明:云南教育出版社,1991.

[3] 余定邦,黄重言,编.中国古籍中有关缅甸资料汇编（上）[M].北京:中华书局,2002.

[4]（缅）蒙悦逝多林寺大法师,编著.琉璃宫史 [M].李谋,姚秉彦,蔡祝生,译注.北京:商务印书馆,2007.

[5]（英）戈·埃·哈威.缅甸史 [M].姚梓良,译.北京:商务印书馆,1973.

[6]（缅）波巴信.缅甸史 [M].陈炎,译.北京:商务印书馆,1965.

[7]（缅）貌丁昂.缅甸史 [M].贺圣达,译.昆明:云南省东南亚研究所,1983.

英国武装入侵印度之始

卡纳提克战争

作者 / 无形大象

莫卧儿帝国

卡纳提克战争（Carnatic War）是英国为征服印度进行的第一场大规模战争，共打了三次，史称第一、第二、第三次卡纳提克战争。在叙述和解读卡纳提克战争之前，我们有必要简述一下交战各方的情况。

印度是四大文明古国之一，物产丰富、人口众多。被欧洲人征服之前，印度历史上最重要的王朝有三个，分别是孔雀帝国、笈多帝国（Gupta Empire）和莫卧儿帝国（Mughal Empire），若借鉴中国历史，其大致相当于中国的汉、唐、清三朝。而对印度近现代历史影响最深的，莫过于最后一代王朝——莫卧儿帝国。

作为一个富饶、文明的国家，印度时常遭到北方游牧民族或其他落后民族的入侵，现代印度的主体民族，就是从中亚草原南下的雅利安人（Aryans）的后代。雅利安人在这里站稳了脚跟，但外族入侵的情况并没有停止，斯基泰人、贵霜人、嚈哒人纷纷来袭。到 7 世纪时，先知穆罕默德创建了伊斯兰教，狂热的穆斯林军队打着圣战的旗号从阿拉伯半岛向四面八方扩张。8 世纪初，一支穆斯林军队席卷了印度河中下游，即巴基斯坦中南部，就此拉开了穆斯林向南亚次大陆扩张的序幕。从此之后，穆斯林不断从阿富汗方向往南入侵印度，将信奉印度教的本土国家一直挤压到南方的德干高原。

1483 年，咱喜鲁丁·穆罕默德·巴布尔（Zahir-ud-din Muhammad Babur）在今乌兹别克斯坦东部的费尔干纳盆地出生了。他的父亲是著名征服者"跛子"帖木儿的直系后裔，母亲则是另一位伟大征服者成吉思汗的次子察合台的后裔，所以他身上流着两大征服者的血液。巴布尔的青年时代是在中亚地区与宗亲们的混战中度过的，这一时期，他

▲ 开创莫卧儿帝国的巴布尔

虽然也有斩获，但最终还是在另一伙北方新来的游牧民族——乌兹别克人的挤压下，带领残兵败将退出中亚，南走阿富汗安身立命。阿富汗土地贫瘠、民风剽悍，不是一个适合立足的地方，于是巴布尔从阿富汗招兵买马，继续南下印度。1526年，巴布尔带领1.2万莫卧儿人（Mughal）在帕尼帕特（Panipat）打垮、击毙了率领10万大军、300头战象的德里（Delhi）苏丹易卜拉欣·洛迪（Ibrahim Lodi）。随后，他率军开进德里城，自称"印度斯坦皇帝"，正式建立莫卧儿帝国。

巴布尔的惊人成功，除了他的文韬武略、指挥若定之外，还在于他对印度人拥有技术上的优势。他聘请奥斯曼土耳其专家莅临指导，成功地将火枪、火炮和传统骑兵战术组合成一个有机整体。在至关重要的帕尼帕特战役中，巴布尔将火炮放在用胸墙加固的阵地中央，安排火枪手左右展开。德里苏丹让战象和骑兵冲击莫卧儿军的中央阵地，立时遭到莫卧儿枪炮的猛烈打击，阵型濒临崩溃。巴布尔见状派出骑兵从两翼包抄，彻底打垮了印度军队，德里苏丹易卜拉欣·洛迪战死。

莫卧儿帝国的前六代皇帝——巴布尔、胡马雍（Humayun）、阿克巴（Akbar）、贾汗吉尔（Jahangir）、沙贾汗（Shah Jahan）、奥朗则布（Aurangzeb）都堪称明主，在他们的统治下，帝国版图不断扩大，尤其是第六代皇帝奥朗则布时期，帝国版图达到极盛，几乎统一了整个南亚次大陆。然而盛极而衰，奥朗则布统治后期帝国开始逐渐走向衰弱。

印度号称"人种和宗教博物馆"。帝国境内，除了大多数信仰印度教的印度人之外，还有大量有着不同信仰的从阿富汗、中亚、波斯入侵或移民而来的异邦人。这之中，作为莫卧儿帝国统治阶层的穆斯林只占极少数。为了长治久安，巴布尔以来的皇帝们都奉行宗教宽容政策，即使他们身为穆斯林，也不过分歧视、压迫其他宗教，尤其是第三代皇帝阿克巴大帝。他在很多方面都像清圣祖康熙皇帝，"名为守成，实同开创"。阿克巴大帝的成功，除了自己的雄才伟略之外，还在于他积极拉拢印度当地信仰印度教的军事集团，靠穆斯林与印度教军事贵族的团结与合作才不断获得成功，对外开疆拓土，对内长治久安。

第六代皇帝奥朗则布为人不苟言笑，生活十分清苦，做事认真负责，打仗身先士卒，从各方面来看都是个明君，但他偏偏是个虔诚而又偏执的穆斯林。他一面不断打击印度教封建主，剥夺他们的领地；一面大搞宗教迫害，逼迫印度教徒改宗伊斯兰教。对印度教封建主的不断用兵，致使帝国军费膨胀，国家财政入不敷出；强迫印度教徒改宗伊斯兰教，则引起了印度百姓的普遍反抗。再加上日益扩大的版图极大地增加了管理困难，最终导致边疆地区的省督、守将趁机割据一方。于是，这个建立了快 200 年的帝国在其鼎盛时期出现了解体迹象。

1707 年 3 月 3 日，奥朗则布驾崩，终年 89 岁。他的 3 个儿子为争夺德里皇位大打出手，帝国陷入全面内战。虽然巴哈杜尔沙一世（Bahadur Shah Ⅰ）最终获胜，干掉了他的兄弟们，但是他上位时已是个年过六旬的老人，当了 5 年皇帝就驾鹤西去了。他的 4 个儿子又开启了新一轮内战，但胜利者贾汉达尔沙（Jahandar Shah）仅在位一年又死了。从 1707 年奥朗则布驾崩，到 1719 年穆罕默德·沙（Nasir-ud-Din Muhammad Shah Irkhwaz）继位，12 年间德里换了 8 位皇帝。

德里城头王旗变幻之际，地方省督们纷纷宣布自立，他们名义上尊奉德里皇帝为共主，实则做了草头王。此局面与中国东汉末年的情形颇为相似，穆罕默德·沙就是"汉献帝"，地方上有一大堆"袁绍""曹操"，彼此之间攻伐不休，莫卧儿帝国全面陷入乱局，这为西方殖民者的入侵创造了条件。

率先来到印度的是葡萄牙人。1497 年，瓦斯科·达·迦马（Vasco da Gama）率领 4 艘海船和 170 名水手扬帆远航，于 12 月绕过好望角，次年 5 月 20 日抵达印度卡里卡特（Calicut），随后在印度沿海建立殖民点。1507 年，在威尼斯共和国和奥斯曼土耳其帝国的大力支持下，埃及马穆鲁克王朝将领侯赛因·库尔迪（Amir Husain Al-Kurdi）率领一支舰队穿越红海和亚丁湾，进入印度洋。1508 年 3 月，埃及舰队突袭停靠印度查乌尔港的一支葡萄牙舰队，大获全胜，史称"查乌尔海战"（Battle of Chaul）。次年 2 月，葡萄牙总督弗朗切斯科·德·阿尔梅达（Fransico de Almeida）亲率 18 艘武装商船发动反击，在第乌海战（Battle of Diu）中决定性地击败了埃及与印度的联合舰队，自此确立了葡萄牙在印度洋的霸权。

葡萄牙国王将东方的胡椒贸易定为王室专卖，大发其财。虽然葡萄牙的人口仅为英国的三分之一，但葡萄牙国王的财政收入却远远超过了英王亨利八世（Henry Ⅷ of England）。1518 年，葡萄牙国王岁入 70 万杜卡特（价值 20 万英镑），其中 24 万杜卡特来自国内税赋，4 万杜卡特来自里斯本港的关税，12 万杜卡特来自西非的黄金开采，30 万杜卡特来自胡椒专卖。史载葡萄牙国王每年送往印度价值

5万杜卡特的白银，其中一半用于采购胡椒，一半用于印度洋各据点的防务。

16世纪中期，葡萄牙开始衰落，"海上马车夫"荷兰取代其成为海上霸主。1602年，荷兰东印度公司正式挂牌营业。1605年，荷兰人开始在印度东南部海岸建立贸易据点。1609年，荷兰人攻陷葡萄牙建立的要塞普利卡特（Pulicat），据为己有。1616年，荷兰人在印度西海岸的苏拉特（Surat）建立贸易据点。总体上，荷兰人将殖民和商贸重点放在东印度群岛，也就是今天的印度尼西亚，靠着垄断东方的香料贸易大发横财。

1599年9月，受到荷兰人攫取巨额利润的刺激，一帮伦敦富商集资7万英镑组建了英国东印度公司。1600年的最后一天，英国女王伊丽莎白一世（Elizabeth Ⅰ of England）授予英国东印度公司皇家特许状，给予它在印度的贸易垄断权。但除了常规贸易活动之外，该公司"必须勘测印度诸海和海岸并绘出地图，必须殚精竭虑地制定一种商业制度，拿些商品来做试验，培养和训练出一批职员"。英国东印度公司的第一目的地是盛产香料的东印度群岛，但受到财雄势大、盘踞已久的荷兰人的排挤，根本无法立足，于是撤出东印度群岛，全力经营印度。

1664年，在著名财政大臣科尔贝尔的建议下，法国"太阳王"路易十四（Louis ⅩⅣ）下令组建法国东印度公司，监管法国与印度、东非、东印度群岛和印度洋其他地方的贸易。除了英、法两强之外，荷兰、葡萄牙、丹麦等国也在印度以公司的形式从事贸易与殖民活动。

与来自北方的马上征服者不同，白人殖民者是坐着帆船来的，他们用租借或强占的方式，在沿海取得殖民点，再修建装备火炮的坚固要塞，由持火枪的白人士兵和从印度本地雇用的土兵驻守。对于这种殖民方式，我们并不生疏，澳门就曾如此被葡萄牙人占领。

白人来到印度的17世纪，正是莫卧儿帝国的黄金时代，政通人和、兵强马壮，远道而来的白人殖民者掀不起什么大浪，总体而言还算安分，活动也仅限于正常贸易，不过他们在自认为必要的时候，也会对抗莫卧儿帝国政府和军队。而欧洲列强之间也并不十分和谐，他们为争夺利益，常互相厮杀，抢夺地盘和帝国政府授予的特许经营权。举个例子，1673年，法国人从一位印度省督手中获得了一个小村庄。一番大力整治、扩建之后，它成了法国在印度的据点——本地治里

▲ 给予英国人贸易特权的莫卧儿帝国皇帝法鲁克席亚尔

（Pondicherry）。1693 年，在法国对抗以英国、荷兰为首的奥格斯堡联盟的大同盟战争中，荷兰人占领了本地治里。不过 1697 年战争结束后，荷兰人又根据和约将本地治里还给了法国。

英、法都是西欧强国，两国之间仅隔着英吉利海峡。17 世纪 40 年代，英国爆发了轰轰烈烈的资产阶级革命，克伦威尔政府处死了国王查理一世（Charles I of England）。虽然克伦威尔死后，查理二世（Charles II of England）实现了复辟，但王权大为削弱，民间资本开始兴起。英国东印度公司就是一家得到政府特许的民营企业，它独立运营，自负盈亏。后来为了扩展商业与政治利益，东印度公司还组建了军队。不过，尽管东印度公司与英国政府联系密切，互相配合，但它本质上依然是个民营企业，一切行为都是围绕着赚钱，赚更多的钱，因此"英国在东方的这种最早尝试，没有得到国家的积极支持。东印度公司是在冷漠和个人主义奋发的气氛中成长起来的"。

1715 年，一个英国使团前往莫卧儿帝国朝廷，使团中有个叫威廉·汉密尔顿的外科医生，替皇帝法鲁克席亚尔（Farrukhsiyar）治好了疾病。皇帝龙颜大悦，给予英国人在孟加拉享受每年缴纳 3000 卢比后免纳各种税务的贸易特权，并准许他们在加尔各答（Calcutta）附近增租土地；而且，东印度公司在孟买所铸钱币，被准许在莫卧儿帝国全境流通。在英国人的带动下，到 1735 年时，加尔各答的人口数达到了 10 万之多。

同时代的法国则完全是另一番表现，"太阳王"路易十四有句名言——"朕即国家"，可见其乾纲独断、一言九鼎。国王强势也意味着政府强势，特别是在科尔贝尔的重商主义指导下，法国政府积极介入商业、贸易和海外殖民。法国东印度公司完全是官办企业，商人阶层敬而远之，因此很难筹集资金。科尔贝尔只得请贵族豪门慷慨解囊，所以认购股份的人都是为了讨好好大喜功的路易十四，对海外贸易本身兴趣不大。不久，法国东印度公司的船队扬帆远航，路易十四龙颜大悦，股东们果然因此加官晋爵。1667年，得到莫卧儿帝国奥朗则布皇帝的允许，法国东印度公司在印度建立起了第一个商馆。

法国东印度公司是由国家创办和提供资金的，它更像法国政府的一个衙门而非企业，优先考虑的也是法国的政治利益及取向而非挣钱，这导致法国东印度公司效率低下、入不敷出，主要靠法国政府提供资金支撑运营。

英、法两国的政治模式以及其东印度公司的不同体制，决定了它们在印度的不同命运。

殖民初期，法国东印度公司还略占优势，例如在1706年，法国东印度公司据点本地治里就相当繁华，拥有4万人口，而英国东印度公司所在的加尔各答只有2.2万人。但到了1720年，随着"太阳王"路易十四的去世（1715年），法国东印度公司财源耗尽，甚至把执照都卖给了别人。

1720年6月，法国东印度公司改组为"永久的印度公司"。1720—1742年，在两位新总督的精明治理下，本地治里又重新繁荣起来。在这期间，法国人于1721年占领了毛里求斯，1725年占领了马拉巴尔海岸的马埃（Mahe），1739年占

▲ 英国东印度公司的徽章

▲ 法国东印度公司的徽章

领了卡里卡尔（Karikal）。不过，这一时期法国人的目的，纯粹是为了发展商业。"在（两位总督）勒努瓦（Pierre Christoph Le Noir）和迪马（Pierre Benoît Dumas）的行为中，我们找不到理由认为公司抱有政治上的目的，更说不上征服的念头。它的商馆虽多少也是设防的，但动机只是为了保障安全，不受荷兰人和英国人的侵犯。它虽也征募军队，但只是作为防御之用。"1742年之后，新任总督杜布雷（Joseph François Dupleix）的政治野心开始超过对商业利益的追求，他幻想在印度建立一个法兰西帝国，但这种想法遭到了英国人的挑战，由此揭开了印度历史的新篇章。

第一次卡纳提克战争

卡纳提克地区（Carnatic region）是印度东南科罗曼德尔海岸（Coromandel Coast）及其内陆地区的统称，也是欧洲人最早踏足的印度土地之一，正因为此，欧洲人在这里的竞争最为激烈。卡纳提克战争是英法竞争与印度军阀内讧相结合的产物，最初只是小规模冲突，后来越打越大，战场范围也从印度南部扩展到了孟加拉湾。最终法国的落败，使英国独享了印度这块蛋糕，摇身一变成为其唯一的主人。是以，卡纳提克战争也是英国征服印度的开端，其结果决定了印度未来200年的历史。

卡纳提克沿海主要有3个殖民点兼要塞。首先是法国的本地治里，其北约150公里处是英国的马德拉斯（Madras，即今金奈），两处各有约500欧洲人和2.5万印度人，而在本地治里以南约20公里的地方，英国人还据有圣大卫堡（Fort St. David）。这3个沿海城市的安全和物资、人员供应，都依赖制海权。因此，谁能掌控海权，谁就能战胜对方，将对手赶出印度。至于印度方面，莫卧儿帝国极盛时都不是海上强国，帝国解体之后，地方诸侯更无力也无意组建海军了。而且随着内讧加剧，以及在技术层面上难以逾越的落后，他们的陆军也变得不堪用了。

18世纪40年代的南印度，局势十分混乱。在德干高原，莫卧儿帝国设有一位节度使，称苏巴达尔（Subahdar），节度使掌若干行省，各省长官叫纳瓦卜（Nawab），也就是省督。卡纳提克省便是德干节度使管辖下的一个行省，其省会为阿尔科特（Arcot），纳瓦卜是多斯特·阿里·汗（Dost Ali Khan）。当时的德干节度使是尼采木·木勒克（Nizam al-Mulk），首府设在海德拉巴（Hyderabad）。尼采木·木勒克不是名字而是徽号，意为"国家的纲纪"，11世纪的塞尔柱帝国就出过一位叫尼采木·木勒克的大宰相。尼采木·木勒克与多斯特·阿里·汗两人都是穆斯林，名义上虽是上下级关系，但尼采木·木勒克早已是一方诸侯，而多斯特·阿里·汗在自己省里也是土皇帝，卡纳提克俨然独立王国中的独立公国。

除了众穆斯林诸侯割据一方外，印度西部还有个由信仰印度教的马拉塔人（Marathas）建立的马拉塔帝国。17世纪晚期，奥朗则布皇帝在位时，马拉塔人在伟大领袖希瓦吉（Shivaji）的领导下建国，之后逐渐发展壮大，甚至到了能与莫卧儿帝国争夺天下的程度。

1740年，马拉塔人攻入卡纳提克省，杀死纳瓦卜多斯特·阿里·汗，还抓走了他的女婿昌达·沙希布（Chanda Sahib）。多斯特·阿里·汗的儿子承诺向马拉塔人缴纳1000万卢比的保护费，才挽救了自己的小命和独立王国。两年后，这位新纳瓦卜被堂兄弟杀死，其幼子萨达图拉·汗被拥立为纳瓦卜。卡纳提克省的内乱，让德干节度使尼采木·木勒克看到了消灭这个"小王国"的机会。1744年，尼采木·木勒克派遣亲信安瓦鲁丁（Muhammad Anwaruddin）出任卡纳提克纳瓦卜。萨达图拉·汗的族人自然将安瓦鲁丁视为入侵者，积极利用手中的领地和要塞对抗这位新纳瓦卜。

本来英法两方对卡纳提克省的变故并没有兴趣，因为无论哪个印度人当政，都得跟他们做生意；但是在1740年，即多斯特·阿里·汗被马拉塔人杀死的同年，欧洲也发生了变故。神圣罗马帝国皇帝查理六世（Charles VI）驾崩，死前将属于哈布斯堡王朝的奥地利、匈牙利、波西米亚帝位于女儿玛丽娅·特蕾莎（Maria Theresa）。特蕾莎是奥地利历史上首位女王，因着女性身份，她虽为查理六世直系后裔，继承权却遭到质疑，旁系男性继承人无不想从中插手，分一杯羹。普鲁士、法国拒绝承认玛丽娅·特蕾莎为奥地利女王，英国出于反对法国的缘故，则站在女王一边，战争由此爆发，史称"奥地利王位继承战争"。此时已经是大航海时代，战争的中心战场固然在欧洲，但远在北美、印度的英国人也受战争影响而与法国人大打出手，所以第一次卡纳提克战争（First Carnatic War, 1746—1748年）可视为奥地利王位继承战争的海外延伸部分。

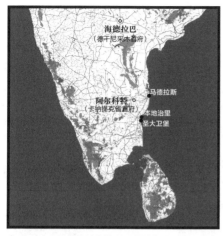

▲ 第一次卡纳提克战争波及的英法据点，其中本地治里是法国据点，马德拉斯和圣大卫堡是英国据点

虽然法国总督杜布雷不愿卷入对英战争，但显然不是他想不打就能不打的。1746年，英国海军利用海上优势，拦截、追捕印度洋上的法国商船，迫使法国不得不做出应对，第一次卡纳提克战争爆发。鉴于法国人在印度一带海域没有舰队，杜布雷向毛里求斯总督拉·波尔多内（Bertrand-François Mahé de La Bourdonnais）求助，后者率领一支拥有8艘战舰的分舰队来到卡纳提克。

法国舰队的到来顿时改变了英法的力量对比。1746年7月6日至7日，英、法舰队首次交锋，英方失利，只得先退出卡纳提克海域，于是整个海域成了法国人的天下。杜布雷大受鼓舞，海路并进攻马德拉斯。9月21日，围攻还不到一星期，马德拉斯的英国守军就签署文书投降了，法军只阵亡6人。到此为止，英国人在海洋、陆地上都表现得惊人的无能，法国人则一帆风顺。

其实，英、法两国的东印度公司在印度都面临着一个共同的难题——人员短缺。指望政府从本土运送人来，不仅路途遥远、缓不济急，人数也很少，通常只以百为单位。所以1740年，杜布雷把法国东印度公司有限的财力用在刀刃上，在当地招募农民创建了印度第一支殖民部队。印度人多地少，百姓贫苦，步兵军饷虽然微薄，但所得也高于劳作。而且印度人已广泛装备火枪，几乎家家有枪，人人会射，贫苦的印度农民还常用简陋的火枪对抗敲骨吸髓的包税人。杜布雷的创举，在于将散漫成性、一盘散沙的印度农民，锻造为勇敢坚韧、吃苦耐劳、军纪严明的军队，用几百法军指挥成千上万的印度土兵，大大缓解了人手不足的困难。这样一来，英国东印度公司自然不是对手。

至于卡纳提克纳瓦卜是怎么掺和进英、法之间的斗争，还得从战争爆发之初说起。作为印度的一方诸侯，卡纳提克纳瓦卜安瓦鲁丁理应是英、法东印度公司的保护人，两方也都承认他的东道主和保护人地位。因此开战之初法国人倒霉之时，曾请求安瓦鲁丁出面保护法国船只免受英国人的袭击和掠夺。安瓦鲁丁答应了法国人的请求，但英国人对他的抗议置若罔闻，我行我素。等局势转变，法国人占据上风并围攻马德拉斯的时候，就轮到英国人请求安瓦鲁丁帮忙了。安瓦鲁丁要求杜布雷解除对马德拉斯的围攻，正在交好运的杜布雷自然不肯，只是与他虚与委蛇，声称夺下马德拉斯之后就将此地转送给他。

英、法爆发海上冲突的时候，安瓦鲁丁由于没有海军无法进行干预，只能干瞪眼，但法国人包围马德拉斯时，动用的却是陆军，安瓦鲁丁自信他的陆军实力不弱，于是打算以此干预两伙欧洲蛮夷的争端。如果马德拉斯的英国守军能多坚持几天，或许还能与印度军队里应外合击破法军，但显然没有成功。当马德拉斯城头的圣乔治十字旗已经换成了法国人的蓝色鸢尾花旗时，迟来的安瓦鲁丁要求法国人履行承诺，却被杜布雷断然拒绝。

既然法国人背信弃义，安瓦鲁丁决心惩罚一下桀骜不驯的外国蛮夷，他派长子马福兹·汗（Maphuz Khan）指挥1万大军围困马德拉斯。法国守军只有400余人，水源断绝后，他们决心孤注一掷，推着2门火炮出城应战。火炮在印度不是什么新鲜事物，但法国火炮口径小、机动性强、射速高，印度人还是被打了个措手不及，导致全线崩溃。马福兹·汗收拾残兵后，又纠集1万人企图夺取法国的另一个殖民点——马德拉斯南边几公里处的圣·托梅（San Thomé），杜布雷连忙派出援军增援。

1746年10月24日，法军来到阿迪瓦尔河（Adyar River）南岸，其战斗序列中包括230名法国兵和700名印度土兵。为了快速行军，这支法军没有携带火炮。印军在河北列阵，用火炮轰击对岸的法军，但是他们的火炮射速很慢，几乎没给法军造成什么损失。法军却主动渡过阿迪瓦尔河，靠步伐整齐的队列和错落有致的排枪齐射，打垮了以骑兵为主的对手。

在印度，战象和骑兵一直是军队的骄傲和核心，步兵则历来不受重视，战斗力不堪一击。莫卧儿帝国建立以来，各路印度军队里虽有大量徒步火枪手，但他们对行进队列和排枪齐射没有任何研究。印度将领都是骑兵出身，历来只关注敌人的骑兵和战象，对步兵不屑一顾。因此，他们对欧洲流行的"排队枪毙"战术一无所知，这种傲慢与偏见让他们在欧洲火枪组成的"南墙"上撞得头破血流。

▲ "排队枪毙"战术

在马德拉斯和阿迪瓦尔河畔，法国步兵两战两胜。这是印度军队与欧洲军队首轮大规模正面交战，而印军每回皆以巨大的人数优势而来，大败亏输而去。这两战影响极为深远，大发神威的法军使印度封建主和军阀对他们充满了畏惧。

连败英国人、印度人之后，法国人威望与士气暴涨，形势可谓一片大好。但恰在此时，地头蛇杜布雷和远来客拉·波尔多内发生了内讧。拉·波尔多内想带领舰队返回毛里求斯，于是建议收取英国人一大笔赎金之后，将马德拉斯还给英国人。杜布雷却不甘心放弃到手的胜利果实，表示坚决反对。两人争执不休之际，一场突如其来的印度洋飓风令法国舰队损失惨重。拉·波尔多内见舰队实力已经弱于英军，便主动撤离了印度海域。

随着法国舰队的撤离，英国人又重新取得了制海权。杜布雷只得掉头南下，进攻本地治里以南的英国据点——圣大卫堡，但由于英国人可以从海上源源不断地获得人员和物资补充，法军耗时一年半也没能拿下圣大卫堡。1748年6月，英国发起反攻，派出一支庞大的舰队来到印度海域，海路并进围攻本地治里。不过英国人对设防坚固的要塞没什么有效办法，僵持到10月，眼看雨季即将到来，也只能被迫撤围。

就在各方准备采取下一步行动的时候，奥地利王位继承战争结束了：10 月 18 日，交战各方签署《亚琛条约》。根据条约规定，法国人把马德拉斯还给英国，英国则交还加拿大的路易斯堡（Louisbourg）。英国舰队返回欧洲，第一次卡纳提克战争就此结束，英、法都没获得一寸土地，算是打成平手。最大的输家是印度卡纳提克纳瓦卜安瓦鲁丁，事实证明即使印度军队人数众多，依然不是装备精良、训练有素、纪律严明的欧洲军队的对手。

战前，纳瓦卜是卡纳提克的主人，英、法殖民者不过是访客或商人，其活动必须服从纳瓦卜的意志和莫卧儿帝国的法律，但战后形势却彻底发生了改变。法国把马德拉斯交还英国后，英国人因见识到印度军队的无能，不再向纳瓦卜缴纳每年 1200 个金币的贡金。

另外，第一次卡纳提克战争期间，英法双方的军事力量都得到了极大的扩充，战后这些军队并没有解散，而是成为英法征服印度和打压对手的工具。这次战争只不过是英法争雄印度的开端，"为杜布雷开始的扩张计划做了一次预演而已"，更激烈的大战还在后面。

第二次卡纳提克战争打响

回顾第一次卡纳提克战争，大体可分为两个阶段：第一阶段是英法两国之间的争霸战，第二阶段则是欧洲人和印度地方诸侯之间的战斗。英法之间的争斗互有胜负，以打平告终；而法国人与印度人的战争，却是法国取得了一边倒的胜利。法军两次大败人数占压倒性优势的印度军队，战斗力之强令印度诸侯望而生畏，于是他们一边提防，一边盘算着拉拢、雇用欧洲人为己效劳。

1749 年 6 月，卡纳提克内陆地区信奉印度教的小王国坦焦尔（Tanjore）发生王位之争。英法两方借机插手，各支持一派，最终以英国支持的一方成功占领德维科泰（Devikottai）告终。这一举动，开创了欧洲殖民者利用印度王公内讧捞取政治、经济利益的先例。

此前的 1748 年 6 月，德干节度使尼采木·木勒克驾崩，终年 77 岁。尼采木一家，从尼采木·木勒克的祖父起就为奥朗则布皇帝效力，而他本人也曾是莫卧儿帝国的忠臣、能臣，但是莫卧儿帝国气数将尽，朝廷内部倾轧严重，于是他自请外放出镇德干高原。1724年，尼采木以海德拉巴为中心开创了一个地方王朝——尼采木王国，之后历代继承人都自称"尼采木"。这个王朝在英国的保护下一直存活到了二战后，最终被独立的印度共和国消灭，历时200多年。与许多穆斯林王朝一样，尼采木王国继承制度混乱。最初，尼采木·木勒克的次子纳绥尔·江（Nasir Jang Mir Ahmad）继位，可是尼采木·木勒克的外孙穆扎法尔·江（Muhyi ad-Din Muzaffar Jang Hidayat）却跑到德里朝廷，成功从莫卧儿皇帝手中搞到一份委任状，自称合法的德干节度使。

在卡纳提克省，同样出现了继承人之争。前文说过，1740年，卡纳提克纳瓦卜被马拉塔人击毙，马拉塔人还抓走了他的女婿昌达·沙希布，卡纳提克省陷入动荡，尼采木·木勒克趁乱派亲信安瓦鲁丁担任纳瓦卜。1748年，被关了8年的昌达·沙希布被马拉塔人放了回来，以前纳瓦卜家族代表的身份，谋求夺回卡纳提克省。

▶ 本地治里的
杜布雷塑像

1749年，英国通过干预坦焦尔内政占了不少便宜，法国东印度总督杜布雷有心效仿，于是与觊觎德干节度使之位的穆扎法尔·江和觊觎卡纳提克纳瓦卜宝座的昌达·沙希布签订了三方同盟密约。8月3日，三方联军与卡纳提克纳瓦卜安瓦鲁丁大打出手，安布尔战役（Battle of Ambur）爆发。此役中，法国派出的主将为德布西侯爵（Marquis de Bussy-Castelnau）。尽管安瓦鲁丁拥有100头战象以及以400名训练有素的法国火枪兵为核心的联军，却依然不敌三方联军，安瓦鲁丁及其长子马福兹·汗当场阵亡，昌达·沙希布心满意足地当上了纳瓦卜。安瓦鲁丁的次子穆罕默德·阿里（Muhammad Ali Khan Wallajah）逃往特里奇诺波利（Tiruchirappalli）闭门死守，杜布雷派遣一支法军前去围攻，意图斩草除根。

法国的胜利就意味着英国的灾难。英国无法坐视法国扶植代理人，可在英国人采取行动之前，1750 年 12 月，德干节度使纳绥尔·江被奸细暗杀，穆扎法尔·江入主海德拉巴成为下一任节度使。穆扎法尔·江为回报杜布雷，任命其为克里希纳河以南领土的总督，年薪 8 万卢比（折合 1 万英镑）；法军参战将士则得到了40 万卢比的奖金，而法国东印度公司也得到了 40 万卢比。为表示感谢，穆扎法尔·江还将本地治里附近一大片岁入 32 万卢比的沿岸领土割让给了法国人。杜布雷则把德布西侯爵及其手下的数百法军借给节度使，帮助他巩固地位。担任节度使军事顾问的德布西侯爵，在海德拉巴极有权势，他跺一脚，宫殿都会颤三颤。

1751 年 2 月，德干节度使穆扎法尔·江在内讧中阵亡，德布西侯爵拥立尼采木·木勒克的第四子萨拉巴特·江（Salabat Jang）做节度使，又出兵帮他打退了马拉塔人的入侵。萨拉巴特·江感激涕零，将沿海的 4 个县划给德布西侯爵做封地，其 300 万卢比的岁入被侯爵用于供养自己和军队。

到此为止，杜布雷取得了惊人的胜利，两位亲法人士登上宝座，让法国的威望和势力如日中天，南印度的诸侯们都唯法国马首是瞻。杜布雷达到了事业的顶峰，他以东方式君主自居，身着王公服饰，乘坐大象出警入跸，仆从如云，前呼后拥。他还建了一座纪念碑，用波斯文和梵文颂扬自己的文治武功。

唯一的隐患，是躲在特里奇诺波利死守的前纳瓦卜之子穆罕默德·阿里。杜布雷本想乘胜攻克特里奇诺波利，干掉穆罕默德·阿里，但该城城防坚固，穆罕默德·阿里困兽犹斗，始终拿不下来。假使杜布雷能在短时间内解决他，也许就能赶在英国人缓过劲来之前结束战争。然而随着战局陷入胶着状态，迁延时间一久，英国人也就有了插手和翻盘的机会。

自第一次卡纳提克战争结束以后，到 1751 年年中之前，英法两国基本处于和平状态。由于法国东印度公司的活动与法国政府无关，战争对象也是印度诸侯，与英国人虽有摩擦，但至少没有公开与英国为敌；因此英国人要想参战，就需要一个借口，而坐困愁城的穆罕默德·阿里正是一个不错的理由。

1750 年 9 月上任的英国新总督托马斯·桑德斯（Thomas Saunders）不甘心被法国人压倒，千方百计地让穆罕默德·阿里坚持了下去。于是穆罕默德·阿里与法国人一边交战，一边展开谈判，只是谈谈打打，打打谈谈，始终没个结果。见法国人再衰三竭，害怕法国势力进一步扩张的印度王公们，如坦焦尔、迈索尔（Mysore）的掌权人，纷纷转向英国一方，鼓动英国人参战。至于怎样扭转被动局面，英国东印度公司内部争

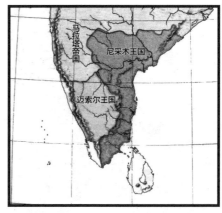

▲ 法国人拥立穆扎法尔·江为德干节度使之后的印度南部局势

论很大，不过大体分为两种方案：要么直接进攻法国要塞，要么出兵解特里奇诺波利之围。这时，一个年轻的公司文员突发奇想，建议围魏救赵，出兵攻打卡纳提克省首府阿尔科特，一举扭转被动局面。桑德斯点头同意，让他带领 200 名欧洲兵和300 名印度兵出征阿尔科特。这个年轻人就是罗伯特·克莱武（Robert Clive）。

"阿尔科特的英雄"

1725 年，罗伯特·克莱武出生在英国什罗普郡（Shropshire）的一个乡绅家庭。克莱武自幼胆大包天、桀骜不驯，孩提时代曾爬上本地教堂的房顶，吓唬围观群众；年龄稍大一点，他就组织黑帮向街道小贩收取保护费，因此连续被 3 所学校开除。克莱武的父亲对混账儿子无可奈何，只得打发他远离英国去东印度公司谋生，希望他能混出个人样来。1744 年, 19 岁的克莱武万里迢迢来到马德拉斯，成为一名书记员。

即使摇身一变成为文职人员，克莱武好乱乐祸的性子依然没有改变，他在任上是百无聊赖，经常给上司制造麻烦，自然也就不得赏识。有一次，他的一个朋友来看望他，发现他垂头丧气地倒在床上，桌子上放着一把手枪。克莱武请朋友拿起手枪向窗外放一枪。朋友依言而行，一声枪响之后，克莱武从床上跳了起来，大喊："上帝留着我一定另有用处！刚才我拿这支枪对着脑袋连扣了两下扳机。"

▲ 罗伯特·克莱武

1746年，第一次卡纳提克战争爆发，杜布雷率领法军攻陷马德拉斯，待在那里的克莱武趁乱逃到了圣大卫堡。法军追踪而至，围攻圣大卫堡。克莱武虽是文员，却积极参加守城，由此受到英军指挥官劳伦斯少校（Major Stringer Lawrence）的关注。克莱武终于发现自己在军中方能一展抱负，于是投笔从戎，做了一名少尉。1748年，英军反过来围攻法国的本地治里，虽久攻不下，但首次参战的克莱武有勇有谋，表现突出，成了众所瞩目的军旅新星。

1751年，昌达·沙希布率领数万大军围攻特里奇诺波利，法国形势一片大好。英国人自然不甘心看到老对手兴旺发达，却又没什么好办法扭转被动局面。沧海横流方显英雄本色，克莱武毛遂自荐，请求率领一支人马直捣昌达·沙希布的老巢——卡纳提克首府阿尔科特。马德拉斯城里只有350名英国兵和千余印度土兵，总督托马斯·桑德斯犹豫再三，终于赞同克莱武的围魏救赵之法，但只给了他8名军官、200名英国兵、300名印度土兵和3门小口径野炮。

8月26日，克莱武领兵出城，一行人顶着似火骄阳行军。29日，英军前进到距离马德拉斯68公里的地方，此时克莱武获得情报——阿尔科特的守军数量是其两倍。明知山有虎，偏向虎山行，克莱武毫不退缩，继续前进。为了达成战术突然性，他命令部下冒着突如其来的雷电和暴风雨强行军，两天内行进了43公里，于8月31日抵达阿尔科特城下。昌达·沙希布的守军对突然杀出的英军毫无防备，不知英军虚实的他们，因过于震惊而陷入恐慌之中，转瞬就弃城而逃了。9月1日，克莱武兵不血刃地占领了阿尔科特。此行目的虽已达成，克莱武却丝毫不敢松懈，他料定昌达·沙希布一定会撤围回救老巢。由于人手不足，他令手下退守阿尔科特内城，顶着骄阳日夜构筑防御，准备迎接即将到来的围城战。

阿尔科特当时有 10 万居民，克莱武占领该城后下令禁止劫掠市民，还把昌达·沙希布从市民手里没收的财物还给原主，此举赢得了该城居民的支持。与此同时，克莱武着手搜集给养，虽然只弄到了 6 天用的物资，但好在水源充沛而洁净，足够英军使用。

逃到城外的印军获悉英军兵力薄弱之后，陆续回城占领了阿尔科特内城周围的民房，并堵住了英军从城外获得给养和增援的通道。天性好动的克莱武不甘心坐以待毙，于 9 月 14 日发动夜袭。印军在惊恐中四散奔逃，而英军毫无损失，还打通了与马德拉斯大本营之间的交通线。两天后，马德拉斯总督托马斯·桑德斯送来 2 门 18 磅重炮，给克莱武和英军打了一针强心剂。之后印军重新包围阿尔科特，克莱武则接连发动两次夜袭，不仅巩固了城防，也振奋了士气。

正在率部围攻特里奇诺波利的昌达·沙希布，听说老巢被英国人给端了，大为震恐，赶紧派儿子礼萨·沙希布（Raza Sahib）率领手下最精锐的 4000 名士兵和 150 名法国兵回救阿尔科特。9 月 23 日，礼萨·沙希布的部队抵达阿尔科特，加上当地部队和临时招募的非正规部队，总兵力达到 7000 多人，其中骑兵有 300 人。数天后，又有 2000 名法国兵赶来，礼萨·沙希布的兵力遂增至近万人。

克莱武要坚守的内城战线超过了 1 英里（1609 米），然而城墙又矮又薄，护城河又浅又窄，多处可以徒涉，有些地方甚至已经完全干涸，情况大为不妙。加上沿路蒙受的损失与疾病困扰，克莱武可调用的力量只剩下 120 名欧洲兵和 200 名印度土兵。300 ∶ 10000，守住阿尔科特这一艰巨任务无论怎么看都不可能完成。

法、印联军占领阿尔科特外城后，每日都从较高的房屋向内城鸣枪放炮，给英军制造麻烦，并不断摧毁本就羸弱不堪的城墙。鉴于法国人操作的火炮对工事威胁极大，克莱武率部发起了反击。虽然在法、印联军的火力打击下，英军付出了 15 名英国兵阵亡的代价，却也消灭了大多数法国炮兵。

幸运的是，英军的食物、饮水还算充足，他们自始至终都没有受到饥渴之苦，甚至还能用水浸泡大米酿酒，以此来振奋士气和提升胆量。克莱武一面督军奋战，一面不断修补被敌人轰塌的城墙，并另行修建了一座高台，在上面架设刚到手的 18 磅大炮，居高临下地轰击礼萨·沙希布所在的纳瓦卜府。固守的同时，克莱武不断派人向马德拉斯和其他印度诸侯求援。马德拉斯本就没多少人马，派克莱武出征之后兵力更加空虚，直到 10 月得到来自英国本土的增援后，总督托马斯·桑德斯才勉强拼凑出一队援兵来。这支援军包括 130 名英国兵和 100 名印度兵，但不幸的是，他们在路上遭遇截击，被迫折回。

10 月末，法国人从本地治里派出一队炮兵携火炮前来。法国人将这门大炮架设在内城的西北方，它一来就敲掉了克莱武的一门火炮。在连续不断的轰击中，法军将内城城墙炸出了一个缺口。英国守军则在缺口后面挖掘战壕，并用木栅栏和瓦砾堆填补缺口。

阿尔科特围城战持续了很长一段时间，城内的想出去，城外的想进来，双方都很苦恼。只是形势到底对英军更加不利，时间一久，他们的粮弹便无法支撑了，如果没有外援必将全军覆没。既然马德拉斯无法来援，克莱武便转而拉拢周围的印度势力，和他们结盟。

马拉塔帝国首相莫拉尔·拉奥（Morari Rao）对法国的强势感到十分不安，唯恐本国成为下一个目标，因此决定站在英国一边，答应出兵帮助克莱武。

礼萨·沙希布见阿尔科特久攻不下，又听说马拉塔人秣马厉兵准备出击，忧

▲ 阿尔科特守卫战

▲ 头戴钢盔的战象，在长矛的驱赶下冲撞城门

心夜长梦多、日久生变，于是主动向克莱武提议，以优厚的条件换取罢兵议和。见对手有认怂的迹象，克莱武反而信心倍增，拒绝议和。礼萨·沙希布大怒，声称将立即荡平英军及其堡垒。克莱武冷冷地答道："你的父亲是个篡位者，你的军队亦只是乌合之众，在派遣怯懦如鸡的部队进攻我军固守的城池之前，当三思而后行。"

顿兵坚城、进退两难的礼萨·沙希布决心在马拉塔人出兵之前消灭克莱武，遂将总攻日期定在11月24日。那天是伊斯兰教的阿舒拉节，纪念先知穆罕默德的外孙侯赛因（Hussin）在伊拉克卡尔巴拉（Karbala）殉难。但在发起总攻的前一天，克莱武获悉了礼萨·沙希布的计划，提前做好了决战准备。

11月24日天色刚亮，以十几头头戴钢盔的战象为先导，数千印军架着云梯蜂拥而来。充当攻城槌的战象，在手持长矛的印军的驱赶下冲到内城城门前，用脑袋猛撞城门。城头的英军集中火力攒射战象，打得战象负痛发狂，掉头狂奔，反而践踏了身后的印军，造成己方伤亡惨重。见城门攻不下，印军又集中人手和火力从护城河可以徒涉的地段潮涌而来，英军列队持枪，直到敌人抵近时才镇静地举枪齐射。他们分成两排轮流开火，从近距离打击印军，每轮齐射都能给对方造成巨大伤亡。猛烈的火光、呛人的烟雾和轰隆的巨响，对印军造成了极大的心理震慑，就算没被击中也被骇得心惊胆裂、拔腿狂奔，即使长官的怒吼和利剑也无法阻止他们溃逃。

印军多是穆斯林，坚信与异教徒作战死后能直升天堂，因此溃兵稳住心神之后又重新奋不顾身地发起冲锋。冲而溃，溃再冲，如此循环往复。见徒涉攻不进去，一只满载印军的筏子试图渡过护城河，克莱武见状亲自燃放火炮，将筏子炸成碎片。

激战约一小时后，英军阵亡5—6人，印军阵亡400多人。印军士气明显变得低落，他们开始转攻为守，退到护城河后面，从内城周围的民房和制高点向英军开火。当夜，攻守双方都在焦急中度过。

当11月25日的第一缕阳光撒向大地时，正准备迎接新一轮进攻的英军，惊讶地发现印军已经连夜撤走了，还丢下火炮和大量物资、弹药。

这之后，克莱武主动出击，与前来增援的1000名马拉塔骑兵追杀法、印联军。两个星期后，克莱武在野战中大破礼萨·沙希布的印军，600名法军雇用的印度土

▲ 克莱武亲燃大炮，击沉满载印军的木筏

兵投降。南印度的一众诸侯见风使舵，纷纷承认由穆罕默德·阿里继承卡纳提克纳瓦卜之职，昌达·沙希布则于次年兵败身死。

阿尔科特围城战，从 9 月 23 日持续到 11 月 24 日，历时 60 多天。克莱武用 500 人创造了战胜 1 万敌军的奇迹，这让印度人认定英军实力恐怖，如天神下凡，往往未战先怯，心理上先输一筹，大大加快了英国征服印度的脚步。为克莱武写传记的马可·本斯－琼斯评价道："或许缘于运气，或许缘于敌人表现出来的拙劣低能，阿尔科特战役创造了关于英国人勇气和不可战争的神话，这让印度的英国军队从一个胜利走向另一个胜利。"

克莱武勇猛无畏，敢想敢干，活力四射，正如英国首相威廉·皮特（William Pitt the Elder）评价的那样，是"天生的战将"。克莱武并不是常规意义上的名将，其作战计划往往简单粗暴，"猛打猛冲""不顾一切地进攻进攻再进攻"是他的不二法则，所以他的成功在于勇悍果断的天性和身先士卒的猛劲，而非计划周密和用兵如神。

为了表彰他的贡献，英国东印度公司奖给他一柄镶嵌钻石的指挥刀。1753年2月，克莱武携新婚妻子衣锦还乡，以"阿尔科特的英雄"身份成为家喻户晓的传奇人物。克莱武用带回的财富，还清了家族的巨额债务，成了光宗耀祖的社会名流，昔日恨铁不成钢的父亲也到处吹嘘自己有个杰出的儿子。克莱武得意忘形，打算从政竞选，但是钩心斗角的政坛显然不适合他。折腾了一番后，他还是回到了印度，签约担任5年圣大卫堡副总督，期间如果马德拉斯总督之位出现空缺，他将递补担任总督。

再说法国方面，杜布雷和德布西侯爵通过拥立节度使和纳瓦卜，一度控制了印度中南部三分之二的土地，即使昌达·沙希布阵亡后亲英的穆罕默德·阿里上台，法国依然占据一定优势。可是法国政府和公司董事会却不这么看。1754年下半年，公司召回杜布雷，新任总督夏尔·戈代厄（Charles Godeheu）与英国人展开谈判，双方最终缔结《本地治理条约》，规定：双方不干涉当地王公之间的争斗；放弃印度统治者所给予的一切职位和官衔；双方保持缔结条约时各自实际占有的领土。就这样，法国人主动放弃了杜布雷为他们赢得的大部分优势，只留下了在德布西侯爵的坚持下才保住的小部分遗产。随着和约的缔结，1749—1754年的第二次卡纳提克战争正式结束。

法国的做法看似荒唐离谱，实则合情合理。第一次卡纳提克战争是奥地利王位继承战争的一部分，英法宣战对打，双方的东印度公司自然难以独善其身，打起来很是正常。第二次卡纳提克战争，则是杜布雷一手挑起来的地方战争，与法国政府无关。战争期间，法国东印度公司贸易中断，入不敷出，全靠政府拨款才能维持下去。先前法国掺和奥地利王位继承战争非但没有获得好处，反而让政府欠了一屁股债，国王路易十五只好要求全国上下开源节流。杜布雷的野心不仅没能给国家带来好处，还惹来一身腥，法国当局自然是忍无可忍，必须杀鸡给猴看。战争贩子波尔多内和杜布雷，前者身陷囹圄，后者身败名裂，在穷困潦倒中死去。德布西侯爵靠贵族出身逃过一劫，继续留在印度供职，但被迫放弃了海边的4块县区，解散了大批印度土兵以压缩开支。

英、法东印度公司的不同体制，最终决定了战争的走向。法国东印度公司虽然拥有强大的陆海军，但囊中羞涩的法国金库却无法让杜布雷继续走下去；英国东印度公司则靠自身获取的利润供养军队，越战越勇，越打越大。因此巴黎的公司决策层才基于理智和冷静，在形势还说得过去的时候见好就收，召回杜布雷改弦更张。

杜布雷固然通过开疆拓土赚了些钱，但常言道"大炮一响，黄金万两"，战争是个永远也填不满的无底洞，对金钱的需求根本没有尽头。当时的英国北美殖民地一个500人的民兵团，一年就要花费军饷2万英镑。杜布雷几千人的部队，开销再节省，一年也得十几万英镑，也就是上百万卢比，根本入不敷出。法国政府再慷慨大度，也不能让他由着性子打下去，于是第二次卡纳提克战争就这样结束了，英法双方都没有取得决定性胜利，印度的归属权还得靠下一场大战决定分晓。

孟加拉变局

孟加拉（Bengal）位于世界上最大的三角洲——恒河三角洲上，这里土地肥沃、水源充沛、人民勤劳，大小城市星罗棋布，是全印度最富饶的地区。即使在今天，孟加拉国和印度的西孟加拉邦依然是世界上人口最密集的地区之一。每年莫卧儿朝廷从孟加拉收取的税赋，扣除当地政府的各项行政费用以后，依然高达450万卢比（折合55万英镑）。而孟加拉纳瓦卜和各级官吏则富比王侯，家资巨万。

早在1633年，英国东印度公司就在孟加拉建立了一座商馆，此后英国人在孟加拉的影响逐渐扩大。英国人在孟加拉地区大力建设的加尔各答城，也成为英国东印度公司继印度西海岸的孟买、东南海岸的马德拉斯之后的第三个总督辖区。1750年，加尔各答人口发展到20万，公司的商馆和仓库占地面积达到100英亩。由英国东印度公司加尔各答总督和一个理事会管理的加尔各答，俨然成了莫卧儿帝国土地上的国中之国。

同时，随着莫卧儿帝国的解体，孟加拉事实上也成了一个独立王国，不过其君主名义上还是帝国委任的纳瓦卜。第一位独立的孟加拉纳瓦卜是穆尔希德·库利·汗（Murshid Quli Khan）。因为擅长理财和行政管理，穆尔希德得到了奥朗则布皇帝的赏识和提拔，他完善了帝国的财政和税收体系，为奥朗则布的国库积累了丰盈的卢比，从而使皇帝的勃勃野心转化为现实。大约在 1700 年，穆尔希德被皇帝派到孟加拉担任财务官。到了奥朗则布统治末期，帝国财政因无休止的战争几近崩溃，军队也因拖欠军饷发生了哗变，这时穆尔希德送来的孟加拉税款成了皇帝供养宫廷和军队的唯一财政来源。

1717 年，朝廷正式任命穆尔希德担任孟加拉纳瓦卜，全面负责孟加拉的军事、行政和财政。由于德里朝廷的软弱无力，穆尔希德很快成了真正的一方诸侯，建立了"孟加拉纳瓦卜国"。他将孟加拉首府从现在的孟加拉国首都达卡（Dhaka），迁到以他名字命名的穆尔希达巴德（Murshidabad），意为"穆尔希德城"。1727年，穆尔希德去世，纳瓦卜之位原应由其外孙萨尔法拉兹汗（Sarfaraz Khan）继任，但他的生父与他争夺权力。为了避免冲突，父子两人达成和解，由萨尔法拉兹汗之父担任纳瓦卜。1739 年，其父去世，萨尔法拉兹汗正式接任。然而萨尔法拉兹汗没有穆尔希德的才干，次年 4 月，孟加拉地方官阿里·瓦尔迪·汗（Ali Vardi Khan）及其族人起兵造反。阿里指挥的叛军击毙了萨尔法拉兹汗，一举推翻了穆尔希德家族的统治。就此，阿里成了孟加拉新的掌权人。

▲ 西拉赤·道莱

阿里是个能干的统治者，史家评论道："作为一个谨慎、敏捷而英勇的战士，几乎没有什么条件他是不具备的。"由于拥有较强的实力，他对欧洲商人的态度严厉而公正，于是商人们还算安分守己，不敢造次。由于阿里没有儿子，只有 3 个女儿，所以在 1756 年 4 月去世前，他指定 23 岁的外孙米儿咱·穆罕默德（Mirza Muhammad）为继承人。这个年轻人的徽号是"西拉赤·道莱"（Siraj ud–Daulah），意为"国家之光"。

西拉赤的母亲是阿里的小女儿，所以他的两位姨妈及其后代自然对这一继承安排感到不满。好在他的两个姨夫死在阿里之前，可是他的大姨和二姨之子绍卡特·江（Shaukat Jung）仍然计划阴谋取代他。

孟加拉纳瓦卜国与英国人的关系不算友善。西拉赤上台之前，英国人见阿里行将就木，无力理政，便以防备法国人为名，在加尔各答扩建军事设施，不仅在旧炮台上架设大炮，还未经允许增修了炮台。除此之外，英国人还试图干预孟加拉的内政，意图扶植亲英人士出任下一代纳瓦卜。正是这种打算，使英国就此成为西拉赤的敌人。

阿里的长女断定自己这一支无望继位之后，带领1万党徒离开了首府，他们来到城南扎营，明摆着要跟外甥打擂台。种种迹象表明，这伙人得到了英国人的支持。1756年4月9日，阿里去世，西拉赤顺利继位，之后便开始着手解决敌对势力和英国人。西拉赤先装作什么都不知道，请大姨迁居自己的宫廷，顺利解决了大姨的问题。为了重申自己作为东道主的权威，西拉赤要求英国人拆除新炮台，但遭到加尔各答总督德雷克委婉却坚决的拒绝。于是西拉赤相信，英国人才是他的真正对手。

1756年6月5日，西拉赤向加尔各答进军。16日，一行人顺利抵达城下；3天后，加尔各答总督、守军司令和多数英国人放弃加尔各答，逃到船上避风头。6月20日，威廉堡（Fort William）经微弱抵抗后向西拉赤投降。

根据一个英国人的记述，146个英国俘虏被关在一个5.4米长、4.5米宽被称为"黑洞"（Black Hole）的小房子里，其中123人窒息而死，只剩下23个可怜的幸存者。这个"黑洞事件"（Black Hole of Calcutta）的可信性存疑，但它确实给了英国人开战的借口。留下一部分人马驻守加尔各答之后，西拉赤回到首府穆尔希达巴德。这时候，他的表哥绍卡特·江，从德里皇帝手中搞到了孟加拉纳瓦卜的委任状。然而在绍卡特·江做好内战准备之前，西拉赤先发制人，率军迎头痛击，击败并干掉了对手。短短数月之内，西拉赤连续解决三个对手，如果事情到此结束，若干年后，他很可能会被评价为少年英主。

西拉赤面对的主要问题，依然是国内的暗流涌动。孟加拉独立于1717年，其内部矛盾一直十分激烈，40年间就换了两个统治家族。而西拉赤继位后，其政权合法性遭到了多方质疑：首先，他的前任阿里是篡位自立，名分不正；其次，他自己只是阿里小女儿的儿子。所以从贵族到百姓，对他和他的王国都远远谈不上忠诚，一大群阴谋家想着如法炮制，推翻他的小国王自立为王。英国人同样不甘心失败，他们积极联络西拉赤的一切潜在对手，还曾与绍卡特·江联络，赠送对方礼物。绍卡特·江死后，英国人又联络其他人，包括孟加拉留在加尔各答的守将曼尼克金德。由此可见，英国人对孟加拉的渗透几乎无孔不入。

孟加拉政局动荡的同时，欧洲发生了更大的变故。在1748年爆发的奥地利王位继承战争中，英法双方基本上打了个平手，之后都憋着劲要大干一场，彻底将对手赶出局。经过一番外交领域的折冲樽俎，欧洲大陆上的两大世仇强国——奥地利和法国结盟，英国则拉拢了奥地利东方的新兴强国——腓特烈大帝（Frederick Ⅱ）统治下的普鲁士，于是形成了法奥、英普两大同盟。

1756年5月，普鲁士王国首先挑起战端，腓特烈大帝率军攻入萨克森，英国则对法国宣战，"七年战争"全面爆发。英、法作为世界性强国，在海外都有大块殖民地，各自的东印度公司自然也相继进入战争状态。英国东印度公司在印度设有3个总督和理事会，分别设在马德拉斯、加尔各答和孟买，英国人早就秣马厉兵，集结陆海军准备灭掉法国对手。就在准备就绪将要出击的时候，8月传来了加尔各答陷落、总督出逃的消息。罗伯特·克莱武建议出兵惩戒西拉赤，马德拉斯的诸公则犹豫不决，一来西拉赤财雄势大，兵多将广；二来马德拉斯与本地治里近在咫尺，法国人就在一旁虎视眈眈。英国人最后决定做两手准备，他们一面与西拉赤谈判，要求把加尔各答还给他们；一面内部讨论要不要北伐孟加拉。

10月，马德拉斯理事会终于同意北伐。最初，当地英军总司令约翰·阿德勒克隆（John Adlercron）被看好作为指挥出征，但是阿德勒克隆是正牌的英军上校，他不愿听命于一帮见利忘义的商人，也不愿意承担为东印度公司索要赔偿的责任，干脆拒绝了这一使命。而积极进取、好勇斗狠的克莱武，则写信给伦敦公司总部，声称自己"不但要夺回加尔各答，还要让公司的基业更加稳固长久"。最后在当年栽培提拔自己的伯乐劳伦斯的支持下，克莱武成了孟加拉远征军司令。

10月16日，英国远征军启碇出航。此次远征军的指挥官有两位——从英国载誉而归的东印度公司职员罗伯特·克莱武以及海军中将查尔斯·华生（Charles

Watson），整支军队由 900 名英国兵和 1200 名印度土兵组成。

12 月 14 日，远征军抵达孟加拉。当时还没有电报，无论是西拉赤，还是孟加拉的英国人，都对马德拉斯的动向一无所知。当地英国人劝克莱武别动武，因为西拉赤已经准备做出让步，但华生和克莱武都不甘心就此息兵。12 月 17 日，华生致函西拉赤，要求他恢复东印度公司早先的"权利及免税待遇"，而且还要对他们所受的损失和伤害给予合理的赔偿。西拉赤很可能写了一封措辞温和的回信，但华生表示没有收到。克莱武弃舟登陆，率军向加尔各答挺进，被收买的守将曼尼克金德假惺惺地做出抵抗姿态，旋即就撤往了穆尔希达巴德。1757 年 1 月 2 日，克莱武几乎没费一枪一弹就收复了加尔各答，将其交给加尔各答总督。

克莱武虽然顺利夺回加尔各答并大大出了一把风头，但由于他是东印度公司马德拉斯总督区的人，这使加尔各答方面感到一肚子恼火，称克莱武为"马德拉斯来的外人"。华生将军是英王陛下的正规军，也不屑与克莱武合作，加尔各答方面见状便不断在华生面前告克莱武的状。

1757 年 2 月初，西拉赤率领 4 万大军兵临加尔各答，迫使英国人停止内讧，枪口一致对外。胆大如斗的克莱武决定夜袭孟军大营，华生则捐弃前嫌，调拨 500 名水兵助阵。2 月 4 日凌晨 3 点，克莱武率领 1350 名英国兵、800 名印度兵，携带 6 门 6 磅炮，在夜幕的掩护下向孟军摸去。早上 6 点，天降大雾，克莱武趁机率部杀入孟军营盘，孟军全无防备，被打了个措手不及。就在英军进展顺利之时，突然右侧的浓雾之中杀出数百个孟加拉骑兵。英军急忙重组战线回身布防，直到孟加拉骑兵逼近到离己方仅有 27 米时才打出一排齐射，顿时打得孟加拉骑兵人仰马翻。随着天色渐明，雾气逐渐消散，再待下去就有被围歼的危险，克莱武只得且战且退。他的秘书和副官纷纷阵亡，在付出 97 人死亡、137 人受伤的代价后，克莱武一行才退回加尔各答。

有人说，此役英军大获全胜，吓得西拉赤噤若寒蝉；也有人说，此役英军大败亏输，克莱武甚至受到士兵的指责。无论英军这边如何争吵，西拉赤都服软了。1757 年 2 月 9 日，双方缔结《阿里纳加条约》（Treaty of Alinagar），西拉赤接受了英国人的全部要求，包括免税权和铸币权，交换条件是英、孟双方结成攻守同盟。签约之举与西拉赤之前的果决迅猛和强硬彪悍形成了鲜明对比，或许他已经发现了内部的阴谋和颠覆活动，被迫不计代价地求和。《阿里纳加条约》签署之后，西拉赤与从前判若两人，所有行动都显得有气无力、优柔寡断。

　　既然英、孟议和，双方的战争就打不下去了。此时，"七年战争"在欧洲打得如火如荼，印度的英国人也不能闲着，克莱武转而进攻位于加尔各答以北35公里、胡格利河（Hooghly River）上游的法国殖民点——昌德纳戈尔（Chandannagar），打算彻底把法国人从孟加拉赶出去。西拉赤认为，英、法东印度公司都是在自己地盘上做生意的外商，在海上厮杀也就罢了，现在居然将战火转移到了陆地，简直是不把自己放在眼里。另一方面，也许他还有利用法国牵制英国的打算，所以他指责英国人主动撕毁了《阿里纳加条约》。不过，西拉赤并没有命令昌德纳戈尔附近的孟加拉军队采取任何行动，大概是想坐山观虎斗。

　　1757年3月14日，克莱武率军兵临昌德纳戈尔。昌德纳戈尔是法国苦心经营了80多年的要塞，城高池深，拥有80门火炮和1200名守军。西拉赤不认为英军能攻克它，因此按兵不动，等着看英国人的笑话。克莱武抵达当天就夺取了几座城外炮台，华生则率领3艘战舰开到距离城墙几十米的河面上，与法国火炮近距离对

▲ 1757年3月，英国船只炮轰昌德纳戈尔城

轰，战舰上的火枪手站在桅杆上居高临下地射击城墙上的法军。攻城仅仅持续了一星期，3月23日，法军投降，英军顺利夺取昌德纳戈尔。此役是法国东印度成立以来遭遇的最大失败，消息传到伦敦，英国东印度公司的股价顿时暴涨12%。

逃脱的法国人纷纷前往孟加拉宫廷寻求庇护，西拉赤很乐意收留法国人，他不仅慷慨地给予对方帮助，还致函本地治里的法军司令德布西侯爵，请他发兵北上孟加拉，与自己南北夹攻加尔各答。德布西侯爵依然是尼采木王国的军事顾问，他在海德拉巴可谓呼风唤雨，威名远播。但法国人缺乏制海权，即使想跟英国人开战，也不可能冒着出海进而导致全军覆没的危险去孟加拉，加上第二次卡纳提克战争中杜布雷、波尔多内擅启战端的前车之鉴，德布西侯爵最终没有接过这一橄榄枝，而是选择按兵不动。

既然西拉赤决心站在法国一边与自己为敌，英国人就势要把西拉赤赶下台。为了实现这一目标，英国人把手脚动到了孟加拉宫廷内部，意图收买高官显贵，从内部打垮孟加拉堡垒，最后他们选中了西拉赤的将军米尔·哲耳法尔（Mir Jafar Ali Khan Bahadur）。4月30日，克莱武致函马德拉斯总督，写道："一天，西拉赤撕毁了我的来信，赶走我的使节，命令大军启程南下；不一会儿又取消了这个命令，召回我的使节，请他原谅。一个星期内，他两次威胁要将瓦茨先生（William Watts，克莱武的使节）处死。总之，这个人聚集了所有的缺点，身边只有奴仆陪伴，几乎被所有权臣鄙视和憎恨，其中几位正策划将他推翻，并谋求我们的支持……我确信，只要这个混蛋统治孟加拉，我们就永无宁日……您将很快得到孟加拉爆发一场革命的好消息，而法国染指孟加拉的任何企图都将成为泡影。"

克莱武笔下的权臣就是米尔·哲耳法尔。早在前任纳瓦卜阿里·瓦尔迪·汗统治时，哲耳法尔就因密谋造反而被驱逐，西拉赤继位后由于需要军事强人震慑各路反贼，又将他请回来官复原职。哲耳法尔见有机可乘，便故态复萌，打算依靠外国人的支持自立为王。

6月10日，英国人与以哲耳法尔为首的几位孟加拉人签订密约。密约共14条，主要内容是：哲耳法尔当上纳瓦卜后，批准西拉赤曾给予英国人的一切补助金和特权；赔偿西拉赤进攻加尔各答时英方所受的损失和军费，总数为1770万卢比；向英国东印度公司割让一些领土；在胡格利城下游的胡格利河上不设防御工事；

与英国人订立攻守同盟，约定把孟加拉、比哈尔（Bihar）和奥里萨（Orissa）的法国人及其财产一律交给英国人，并且永远不许法国人在这些地区重新定居。这无疑是一个推翻西拉赤、另立亲英政权的行动计划。

签约之后，各方开始分头行动。孟加拉内奸们鼓动西拉赤送走法国流亡人员，与英国缔和。没想到西拉赤居然同意了，法国人离开时，向他提出防备内奸的善意忠告，事实上这是除了西拉赤之外众所皆知的事。西拉赤很快也知道了密约内容，但是他似乎完全没了主心骨，不但没有逮捕或撤换哲耳法尔，反而在6月15日亲自屈尊纡贵拜访哲耳法尔，哲耳法尔则赌咒发誓，对他宣誓效忠。西拉赤认为自己的开诚布公和怀柔政策起了作用，于是着手备战的同时，任命哲耳法尔为总司令。

西拉赤之所以对哲耳法尔采取怀柔手段，并不是毫无缘由，在此前的6月13日，克莱武给西拉赤送去了宣战书，并率领英军从加尔各答出发，向穆尔希达巴德挺进。在即将打响的战斗面前，临阵换将乃是兵家大忌，为了稳住军队，西拉赤不得不稳住哲耳法尔，于是就有了恳谈一事；再则，这样做或许还能打动哲耳法尔，使其迷途知返，为自己拼死效力。

无论克莱武是否知道孟加拉高层的动向，他都没有停下脚步，他的远征军中有1020名欧洲兵、2200名印度兵和8门火炮，一行人沿着胡格利河北上。内部矛盾重重的孟加拉军队几乎一枪不放就放弃了一系列城镇。6月22日清晨，克莱武军抵达胡格利河岸边、普拉西村（Plussey）附近的一片芒果林，占领了建在那里的猎舍，这里距离孟加拉首府不到50公里。

西拉赤·道莱、米尔·哲耳法尔的军队早在普拉西村掘壕恭候多时了。英国东印度公司的官方史料记载："克莱武为敌人庞大的数量、华丽的服饰和勇猛的仪容感到震惊。"

决定印度命运的普拉西战役

克莱武面对的敌人，无疑是一切将军的噩梦。西拉赤·道莱亲自统率的孟加拉大军多达5万多人，其中包括1.8万名骑兵、10头战象。孟加拉军的阵线前方

▲ 牛拉象推的移动炮台

▲ 登高望远的克莱武

是 53 门架在四轮炮车上的重炮，由 40 头牛在前方拉动、身披猩红战袍的大象在后方推动。此外，孟加拉阵营中还有由法国军官圣弗莱（St. Frais）指挥的 50 名法国炮兵和 6 门火炮。

孟加拉军在普拉西村东北方的平原上呈扇形展开，面西列阵，距离英军战线约 1600 米。孟加拉人把火炮布设在前，步骑兵安置在后，显然是打算先用大炮猛轰英军，给英军造成重大伤亡使其士气动摇之后，再由骑兵发动猛烈冲击，最后由步兵巩固战果。孟加拉阵营中，数百面旌旗迎风招展，战鼓激昂响彻云霄，由法国教官训练过的孟加拉步兵持枪荷弹，斗志昂扬。

再看远道而来的英军，只有 3000 多人，无论如何布阵，战线也不如孟军的长，于是克莱武占领了河堤上的猎舍和附近的芒果林。芒果林背靠胡格利河，长 730 米，宽 270 米，周围是壕沟和矮墙，是个不错的防御阵地。克莱武缩短战线，沿着芒果林面对孟加拉军队两翼布阵，将英军安排为尖端突前的 L 形战线。为了让仅有的 8 门火炮获得宽阔的射界，克莱武将炮兵阵地放在步兵战线的北侧。英军共有 6 门 6 磅炮和 2 门榴弹炮，克莱武把 2 门 6 磅炮和全部榴弹炮突前部署，放在芒果林北侧战线以北约 180 米的砖窑里面。砖窑前方有两个一大一小的人工湖，它们的存在不利于孟军骑兵发起冲击，但对本方炮兵阵地却能起到一定程度的保护作用。

猎舍位于芒果林稍北一点的河岸上，周围有石墙，英军的指挥部就设在这里。克莱武本人则爬上猎舍房顶，一边用单筒望远镜观察敌人的动向，一边居高临下地指挥英军行动。

英军一方人数虽少且地形不熟，但上下一心，可谓背水作战。他们很清楚，一旦失败，自己要么被赶进河里喂鱼，要么被孟军骑兵踩成肉泥，是以有进无退，全军上下都抱有必死之心。另一方面，英军还拥有组织纪律上的巨大优势。而孟加拉军，他们人多势众，又有主场优势，但缺点也很明显——成员复杂、组织混乱，士气因拖欠军饷而格外低落。此外，以哲耳法尔为首的将领们各怀鬼胎，无不希望西拉赤战败并趁乱取而代之，唯一忠于西拉赤的只有骑兵将领马丹·汗（Mir Madan Khan）。

1757年6月23日清晨，孟加拉军列阵已毕，圣弗莱指挥的4门法国火炮架设在较大的人工湖旁，此处距离英军阵线最近，只有半公里多。在胡格利河与大人工湖之间，法国人又布设了2门重炮。两个炮兵阵地后面是西拉赤最强的部队——马丹·汗指挥的5000骑兵和莫汉拉尔（Mohan Lal）指挥的7000步兵。

马丹·汗所部东边是一个修筑了工事的高地。高地以东，孟军各部列阵成新月形，依次是拉伊·杜尔拉布（Rai Durlabh）、亚尔·拉蒂夫·汗（Yar Lutuf Khan）、米尔·哲耳法尔的人马，而这3位孟加拉将军早已暗中投靠了英国人。

在法国人打出的火炮声中，普拉西战役拉开了序幕。法国人的第一发炮弹取得了相当不错的战果——击毙、击伤英军各1人，之后孟加拉军队的牛拉象推重炮也相继开火。克莱武手中只有8门炮，无法进行对等反击，大约在早上8点30分的时候，英军就已经损失了10名欧洲兵和20名印度兵。在猛烈而又持续的炮火打击下，英军被迫退入外有矮墙的芒果林，用树林和胸墙削弱敌人的火力。11点钟的时候，炮击已经持续了3个多小时。克莱武同他的军官们开会商讨战局，最后决定白天继续用炮反击，坚持到半夜再偷袭孟加拉营寨。

然而中午时分，一场突如其来的瓢泼大雨打破了局势。英军虽是远道而来却准备充分，迅速用油毡盖上火炮和火药，基本上没受暴雨影响；孟加拉军则正好相反，大部分火药被淋湿，而大雨打湿的地面亦不利于其火炮发挥威力，自然而然也就抵消了他们的火炮优势。孟加拉军认为，英军的火药也被暴雨打湿，双方的炮兵已然无用，如果此时发动骑兵冲锋，一定能一往无前，一举荡平英夷。见雨势减弱，孟加拉骑兵将领马丹·汗拔出马刀，率领数千骑兵发起了冲锋。

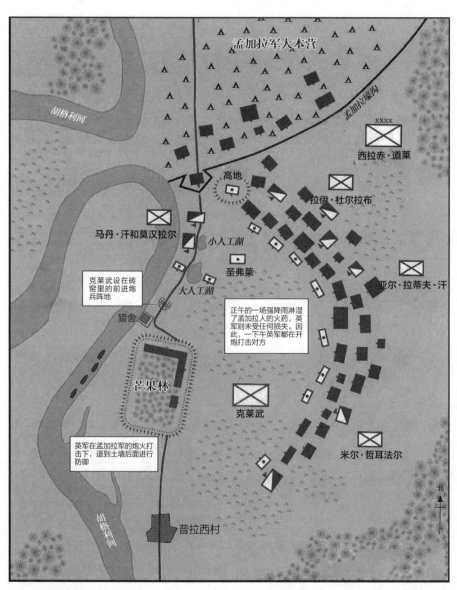

孟加拉军大本营

胡格利河

孟加拉壕沟

西拉赤·道莱

高地

拉伊·杜尔拉布

马丹·汗和莫汉拉尔

小人工湖

圣弗莱

亚尔·拉蒂夫·汗

克莱武设在砖窑里的前进炮兵阵地

大人工湖

猎舍

正午的一场强降雨淋湿了孟加拉人的火药，英军则未受任何损失。因此，一下午英军都在开炮打击对方

芒果林

克莱武

英军在孟加拉军的炮火打击下，退到土墙后面进行防御

米尔·哲耳法尔

北

胡格利河

普拉西村

▲ 普拉西战役布阵图

不想英军火力十分凶猛，大炮与火枪齐齐逞威，杀得孟加拉军毫无抵抗之力。最终，马丹·汗身负重伤，旋即阵亡，他的骑兵全部溃退下来。马丹·汗的死讯传来后，中军大帐一片混乱，他的死亡是西拉赤无可弥补的损失：唯一忠于自己的将军早早战死，不仅让全军士气低落，还让阴谋者们再无顾忌，可以放心大胆地搞内部破坏。

马丹·汗的骑兵出击之前，西拉赤以为胜券在握，不料马丹·汗居然阵亡，大吃一惊的西拉赤连忙召见全军司令哲耳法尔。他用穆斯林君主请求臣下效力最谦卑的方式，将缠头巾解下扔在地上，并恳请哲耳法尔："你保卫这条缠头巾。"哲耳法尔心中窃喜，他表面做出一副忠心耿耿的样子，赌咒发誓要为君主肝脑涂地，在所不辞，一定将异教徒送下地狱；可一出帐篷他就送信给克莱武，请求后者立即发动进攻，与自己里应外合。另一位孟加拉将军拉伊·杜尔拉布则留在大帐内继续忽悠西拉赤，说什么战场凶险，请国君立即返回首府，战事自有哲耳法尔和自己应付，不必挂怀云云。心胆俱裂的西拉赤不知是计，在 2000 名亲兵的护送下临阵脱逃，给了内奸们成事的机会。

马丹·汗阵亡后，战场维持了两个多小时的风平浪静，双方形成对峙僵局。下午 3 点钟左右，士气低落的孟加拉军开始逐步后退，大人工湖两侧的两个法国炮兵阵地就此失去了孟加拉人的保护。克莱武手下的詹姆斯·基尔帕特里克（James Kilpatrick）少校机敏地发现了战机，他连忙率领 2 个连和 2 门火炮杀向法国人，同时派人向克莱武解释自己擅自行动的缘由。此时克莱武正在猎舍休息，收到消息后，他一边痛骂基尔帕特里克自作主张，一边率领其余部下和火炮主动出击。克莱武这样安排，是做了两手准备：如果基尔帕特里克出击失利，克莱武正好可以接应他；而如果基尔帕特里克进展顺利，英军便可乘胜扩大战果。

这时法国人也发现自己身处险境，急忙后退到小人工湖后面的高地上。英军顺利占领了法国人扔下的炮兵阵地，并向孟加拉军的战线开火。孟加拉军企图将所有重炮转向，对准英国人的阵地进行对轰，但他们的移动炮台转向不灵，拖曳炮台的牛也不断中弹倒地，这让炮台变得更难转向和移动。既然炮兵不给力，孟加拉骑兵只得不停出击争取夺回阵地，结果回回都被镇静的英军用排枪齐射和火炮打退。孟军十分勇猛，退而复返、前仆后继，不断发起冲锋，战况十分惨烈，

▲ 描绘普拉西战役的油画

双方的大部分伤亡都是在这个阶段发生的。几次凶猛冲击失败之后，孟军士气逐渐低落，颓势已现。

克莱武意识到，英军北面那个由法国炮兵占据的高地是整个战场的制高点，法国人可以从那里居高临下地对自己展开射击，威胁很大；反过来说，只要拿下它，就能取得战役的胜利。克莱武遂下令兵分三路，进攻法军高地及其东侧的小山丘。

下午4点30分，艾尔·库特（Eyre Coote）少校率领2个掷弹兵连拿下了小山丘，圣弗莱见情况不妙，带着法国炮兵撤离了高地。下午5点，孟加拉军兵无斗志、将无战心，面对气势汹汹的英军全线崩溃。英军以极小的伤亡占领了西拉赤扔下的大营，缴获的战利品堆积如山。

一天打下来，英军阵亡22人、伤50人，孟军总伤亡约为500人。伤亡比例都很轻微，尤其是孟军，阵亡比只有1%。

战后，英军马不停蹄地向孟加拉首府穆尔希达巴德进军。西拉赤成了惊弓之鸟，于当天午夜回到首府。在御前会议上，有人建议向英国人投降，有人建议顽抗到底，还有人建议投奔法国人。西拉赤自知内部矛盾重重，即将变生肘腋，这让他根本无法组织有效抵抗，最终决定出逃。6月24日夜间，西拉赤与其妻携带细软乔装后乘船出逃。与此同时，哲耳法尔率军进入穆尔希达巴德，他一面着手准备自立为王，一面连夜派人追杀故主。7月2日，西拉赤逃到一个花园里，偏偏当地守将是哲耳法尔的兄弟，更要命的是这人曾受过他的惩办。于是新仇旧恨一块清算，守将抓住了西拉赤，并把他送给哲耳法尔的儿子，后者连夜将其秘密处决。西拉赤及其外祖父两代人的小王朝就此灭亡。

6月29日，克莱武率领200名欧洲兵和300名印度土兵抵达穆尔希达巴德，拥戴哲耳法尔为新任孟加拉纳瓦卜。

作为报答，哲耳法尔打开孟加拉国库，任由克莱武和英军劫掠。克莱武本人获得20万英镑，从事特务和颠覆活动的使节威廉·瓦茨获得8万英镑，参战的海陆军将士分得50万英镑，加尔各答管理事会获得200万英镑作为补偿，东印度公司的每个董事则获得2.4万英镑。7月3日，就在西拉赤的尸体在穆尔希达巴德游街示众时，200条装载金银珠宝的船只顺胡格利河而下，运往加尔各答。

搜刮孟加拉国库，成了克莱武后来遭到下议院政敌诋毁的把柄，对手指责他在孟加拉大肆劫掠、中饱私囊。对此，克莱武反唇相讥道："富庶的城市在我脚下，强大的国家在我手中，在我面前敞开的宝库充斥着金条银锭、珍珠宝石，但我总共只取了20万英镑。诸位先生，直到现在，我还奇怪自己为什么那么客气呢！"

孟加拉改朝换代后，加尔各答管理事会选举克莱武为孟加拉总督。同年年底，英国东印度公司正式任命克莱武为加尔各答总督，总览孟加拉事务，并负责与他拥立的哲耳法尔打交道。

从军事角度来看，普拉西战役远远谈不上多么激烈和曲折，但此役却是印度历史上至关重要的转折点。普拉西战役之前，英国在印度的主要对手是法国，虽然也曾干预印度本土事务，但深度和广度都不大，即使据有些土地和商业便利，也仅限于控制港口搞商贸；普拉西战役之后，英国开始真正着手征服和管理印度诸侯割让的领土，东印度公司从商人变成了征服者，拉开了全面征服南亚次大陆的大幕。

江河日下的莫卧儿帝国朝廷，早就对自立门户的孟加拉看不顺眼，英国削弱孟加拉的实力对德里朝廷而言是相当有利的，所以皇帝阿拉姆吉尔二世（Alamgir Ⅱ）乐见西拉赤垮台，他甚至建议英国人接管孟加拉的政权和财税，仅让纳瓦卜哲耳法尔掌握军权。克莱武请示了伦敦方面，并建议英王接受皇帝的好意，派皇家官员治理孟加拉。

此时，英王乔治二世（George Ⅱ of Great Britain）年过七旬，行将就木，即将成为乔治三世的威尔士亲王雄心勃勃，企图成为掌握实权的国王。首相老威廉·皮特却不愿让王室掌握太多的政治和经济资源，尤其不愿让王室拥有财源从而摆脱议会的控制，所以老皮特建议英国东印度公司作为一家英国企业管理孟加拉。从这时起到 1858 年印度反英大起义结束的近一百年里，英国都是通过东印度公司间接统治印度的。

第三次卡纳提克战争

英国人在孟加拉开疆拓土的同时，"七年战争"的影响也扩大到了印度，所以随后爆发的第三次卡纳提克战争实际上是"七年战争"的印度组成部分。

1756 年上半年，"七年战争"已经在欧洲大陆打响，但消息直到 11 月才传到印度，这才有了克莱武和华生出兵进攻法国在孟加拉的殖民点——昌德纳戈尔的故事。但是在马德拉斯，英法都没有足够的力量开战。英国方面，马德拉斯的陆海军主力，被克莱武和华生带到北方的孟加拉去收复加尔各答。甚至在克复加尔各答之后，克莱武也拒绝收手，他继续北上进攻孟加拉纳瓦卜西拉赤·道莱，促成了普拉西战役的爆发。而法国方面，他们的兵力同样不多，因为本地治里的总督必须派兵去海德拉巴，增援在那里颐指气使的德布西侯爵。

直到 1758 年克莱武完成对孟加拉的征服，北方战事告一段落之后，英法才在印度全面开战，第三次卡纳提克战争就此爆发。从孟加拉驶回的英国舰队，由波科克接替去年去世的华生将军负责指挥。法国方面，法王路易十五（Louis ⅩⅤ of France）委任拉利伯爵（Thomas Arthur,comte de Lally）负责印度战场。拉利伯爵在民政管理和陆军指挥上被赋予绝对的权力，但他没有海军指挥权，法国海军由达歇将军统领。拉利伯爵是一位功勋彪炳、经验丰富的名将，但初来印度的他却是一无所知的远来和尚，所表现出的趾高气扬招致了多数中下级军官的反感。而陆海军互不统属的缺陷，也分散了法国人的力量，进而导致门户之争，加速了法国人的失败。

拉利伯爵的开局其实是很不错的。5月1日，他率军包围圣大卫堡；6月2日，英国守军投降。但与法国海军的合作上，拉利伯爵却是头疼万分，达歇躲在港内拒绝出航，而没有海军的协助，法国人不可能进攻马德拉斯。

为了解决财政困难，拉利伯爵强迫坦焦尔国王偿还欠法国人的700万卢比的债务。7月18日，拉利包围了坦焦尔城，但因为军火短缺，无法发起猛攻。另外，他的傲慢和急躁都令部下难以忍受，以致对他的吩咐敷衍了事。拉利伯爵除了在坦焦尔白白浪费宝贵的时间和兵力外，毫无进展，而英国海军却在大展神威——于8月3日的海战中令达歇的海军损失惨重，随时有从海上进攻本地治里的可能。8月10日，拉利伯爵终于放弃了对坦焦尔的围攻。坦焦尔围攻的失败，不仅让拉利伯爵声望暴跌，还让印度诸侯轻视法军，认为法国人不过如此。

拉利伯爵将德布西侯爵从海德拉巴召回，克莱武见有机可乘，派兵连续击败法国陆军，迫使原本亲法的德干节度使萨拉巴特·江倒向英国，与英国人签订了条约。尽管英国陆军一度受挫，但法国的麻烦显然更大：一是达歇的海军又被英国人打得大败，被迫离开印度海面，让英国人彻底成了海洋上的主宰；二是法国在印度的财政趋于崩溃，入不敷出，还因欠饷导致了一场兵变，这使仅剩下的那点陆军士气更加低落，毫无斗志。

1759年10月底，艾尔·库特率部来到马德拉斯，担任马德拉斯守军司令，英军转入全面进攻阶段。两年前，库特参加普拉西战役时还是少校，这时因功勋卓著已经升为了中校。

经过一些小规模接触战之后，拉利伯爵率军进攻本地治里西北约90公里的梵达瓦希（Wandiwash）要塞，库特闻讯后率军赶来解围。

1760年1月22日，库特指挥的英军与拉利伯爵指挥的法军，在梵达瓦希城下交战，史称"梵达瓦希战役"（Battle of Wandiwash）。结果，法军全线崩溃，英军赢得了决定性胜利，并一举扫荡了法国的各个殖民点。3个月后，法国在印度只剩下本地治里和另一个城市。1760年5月，英军开始围攻本地治里。为了挽回败局，拉利伯爵企图与迈索尔国王海德尔·阿里·汗（Hyder Ali Khan）结盟，后者也确实派了一支军队去支援法国人，但双方未能采取任何有效行动，因此海德尔的军队收兵回国，任由拉利伯爵自生自灭。

▲ 梵达瓦希堡垒遗址

英军从海、陆两方面把本地治里围得如同铁桶一般，而拉利伯爵坐困愁城之余，依然不能团结他的官兵。1761年1月16日，拉利伯爵宣布本地治里无条件投降，战胜者闯入了这座洋溢着法国文化的名城，不仅拆除了炮台、城防工事，还破坏了城市本身，一位史学家评论道："这个一度美观而繁荣的城市，几个月之内连一所房子都不剩了。"

本地治里投降之后，法国的其他殖民点也投降了，法国失去了在印度的一切。直到1763年"七年战争"结束、《巴黎条约》签订后，英国才把本地治里和马埃等城还给法国，条件是法国人不得在这里设防，只能从事商贸等和平活动。

法国输掉第三次卡纳提克战争，直接原因是海军失利，而孤悬海外的法国海军失败也只是迟早的问题。要知道，英国人不仅牢牢掌握着制海权，还通过征服孟加拉获得了稳定财源，可以不断给马德拉斯提供支持。再看法国，领地日削，资金链断裂，即使能获得一个体面的战败，最终也会被英国人排挤出印度。可以说，普拉西战役决定了法国人在印度的命运。

法军统帅拉利伯爵被英国人关押了两年，直到"七年战争"结束才获释回国。然而不幸的是，他成了法国在印度失败的替罪羊，又被法国国王关进巴士底狱2年，最后在凌辱中被处死。尽管拉利伯爵有这样或那样的缺点，但我们应该看到，以他面临的海军劣势和法国东印度公司的体制与财政状况，即使他有通天的本事也难以取胜，正如一位历史学家评论的那样："不论亚历山大大帝还是拿破仑，若要他们以本地治里为基地，向掌握着孟加拉与制海权的力量做斗争，都不可能赢得印度帝国。"

英属印度帝国

由英国人拥立上台的孟加拉纳瓦卜米尔·哲耳法尔，最初还认为自己是真正的君主，但是当他想迫害几个信奉印度教的官员时，克莱武却向他施加了压力。这让他感到很不爽，但事实证明，他想要维护自己的地位，就不能失去英国人的支持。克莱武帮助哲耳法尔平息了孟加拉地方官发动的叛乱后，以此为由要求哲耳法尔授予他硝石贸易垄断权。哲耳法尔只好同意由英国人经销85%的硝石，而他自己仅留下了15%的硝石贸易权。

1759年3月，莫卧儿皇太子——未来的沙·阿拉姆二世（Shah Alam II）进军巴特纳（Patna），打算占领孟加拉。依靠克莱武的帮助，哲耳法尔总算击退了皇太子，最终化险为夷，为此克莱武又勒索到了岁入达3万英镑的封地。这一事件证明，即使哲耳法尔不喜欢英国人，他也无法推开英国人。

1760年2月，克莱武因病离开印度，返回英国。此时的英国东印度公司，大小官员贪渎成风，不断利用条约规定的免税权贩卖私货，减少孟加拉政府的收入。哲耳法尔对英国这尊太上皇忍无可忍，玩起了"以夷制夷"，他试图联合荷兰人对抗英国，而英国人的对策却是勾结他的女婿米尔·卡西木（Mir Kasim Ali Khan）。1760年9月，英国人与卡西木缔结密约，英国人承诺拥立卡西木做副纳瓦卜，并保证由卡西木继承王位；卡西木则承诺还清孟加拉拖欠英国东印度公司的款项,并再割让3个县,这之中就有今孟加拉国最大的港口——吉大港(Chittagong)。

英国东印度公司的军队司令前往穆尔希达巴德,要求哲耳法尔任命卡西木为副纳瓦卜,遭到对方拒绝。毫无结果地磋商了5天之后,英国人发兵占领了王宫。哲耳法尔宁愿退位也不屈从英国人的要求,于是英国人干脆扶持卡西木做了新纳瓦卜。

卡西木同样不愿做儿皇帝,他想要成为孟加拉真正的主人。卡西木一边提高税率,积极开源节流,终于还清了欠英国的所有款项;一边削弱地方势力,剪除军中异己,巩固自己的统治地位。为摆脱英国人的监视和干涉,卡西木把首府从穆尔希达巴德迁到了离加尔各答较远的蒙吉尔(Munger),并在蒙吉尔修建兵工厂,制造枪炮和弹药,还按照欧洲的方式训练军队。随着卡西木的力量逐渐增强,他独立的倾向也愈发明显了,于是与英国人的关系变得越来越紧张。等到他认为自己已经足够强大时,就决定与英国人重谈贸易协议。

根据1717年莫卧儿皇帝法鲁克席亚尔授予的贸易特权,只要有英国商栈负责人签发的通行证,英国公司的货物就可以免交过境税。这种特权不仅使英国公司大发横财,还被随意滥用:公司职员不但用这种通行证从事非法的私人贸易,还将其倒卖给印度商人。这种行为严重损害了纳瓦卜的收益。

1762年末,一位英国使节前往蒙吉尔与卡西木会谈,双方达成协议:英国东印度公司的货物缴纳9%的过境税,印度商人则缴纳25%—30%的过境税。但是加尔各答理事会贪得无厌,坚持英国货物免税,只肯为硝石贸易交纳2.5%的税,为此推翻了先前的协议。卡西木大怒,干脆一律取消过境税,打击英国人的特殊地位,迫使其与印度商人公平竞争。这自然引起了英国人的极大愤慨。

1763年6月,英国人企图占领巴特纳,结果被卡西木击退,有200个英国人被俘。加尔各答理事会闻讯如获至宝,立即对卡西木宣战。

6月10日,亚当斯(Adams)率领约1100名欧洲兵和4000名印度兵,讨伐卡西木。卡西木调集了1.5万人迎战,其中就包括按欧洲模式训练的部队。尽管兵力对比是1∶3,但孟加拉军依然屡战屡败。卡西木恼羞成怒,杀掉许多有勾结英国人嫌疑的官员和全部英国战俘之后,逃到今印度北方的奥德(Awadh),与奥德纳瓦卜舒贾·道莱(Shuja ud Daula)和莫卧儿皇帝沙·阿拉姆二世结成反英同盟,打算从英国人手中夺回孟加拉。

1764年10月23日，在今印度东北部比哈尔邦的布克萨尔（Buxar）附近，印度联军与英军展开会战。英军由7072人组成，其中有857名英国人、5297名印度土兵、918名印度骑兵，外加30门大炮，司令官是第8代诺瓦尔（Novar）领主赫克托耳·芒罗（Hector Munro）。印度联军方面，莫卧儿皇帝沙·阿拉姆二世御驾亲征，由莫卧儿中央军、奥德纳瓦卜舒贾·道莱和孟加拉纳瓦卜卡西木三方组成的联军，共有4万人和140门大炮。

当日黎明，坐镇右翼的米尔扎·纳杰夫·汗（Mirza Najaf Khan）不等盟友做好准备就率先带队出击。英军虽然被打了个措手不及，但很快就镇定下来，在20分钟内组成战线并打退了对方的进攻。战至中午，在英军的排枪打击下，印度联军终于全线崩溃。

舒贾·道莱利用点燃火药制造的混乱趁机逃窜，他从浮桥过河，之后为阻止英国人追杀放火烧桥。卡西木也携带最值钱的细软珠宝逃跑了。米尔扎·纳杰夫·汗还算冷静，他把残兵组织起来，围绕在皇帝身边，一面撤退，一面与英军展开谈判。英军阵亡、受伤和失踪的总人数在800人上下，印度联军则死亡2000多人，伤者无数。此役，英军缴获了133门火炮和超过100万卢比的现金。

战后，莫卧儿皇帝从现实和利益出发，最终转向了英国人，双方缔结和约。舒贾·道莱则在1765年4月抵抗英国的战斗中，遭遇彻底失败。卡西木虽逃过一死，却作为一个流浪的乞丐贫困潦倒地生活，最终于1777年悄无声息地死在德里附近。

赶走卡西木之后，英国人拥戴米尔·哲耳法尔复辟，使其再次成为孟加拉纳瓦卜。哲耳法尔第二次上台只在任上待了一年多，就于1765年2月去世，其子奈只木丁（Najmuddin Ali Khan）在承认全部对英条约的前提下得以继位。条约规定，孟加拉的全部行政权由副纳瓦卜掌管，而这个副纳瓦卜必须由英国人提名，并且没有英国人的同意不得将其免职。于是孟加拉的行政权落入了英国东印度公司手中，纳瓦卜彻底成了富贵闲人，他每年可以从公司领取500万卢比的年金，但这些钱只能用于维持他的个人尊威和收税所需的军队。

不过，在布克萨尔战役中取胜的英国人虽然在孟加拉呼风唤雨，但印度的整体局势却越来越混乱。莫卧儿皇帝与奥德纳瓦卜被挫败后，显然并不甘心，如何解决印度问题成了重中之重，于是东印度公司请求克莱武重出江湖。

1765 年 5 月，克莱武第三次来到印度，出任孟加拉总督。到任后，克莱武便着手调节与莫卧儿皇帝和奥德纳瓦卜的关系。8 月 12 日，克莱武以胜利者的身份，与奥德纳瓦卜舒贾·道莱、莫卧儿皇帝沙·阿拉姆二世签订了《阿拉哈巴德和约》（Treaty of Allahabad）。根据条约，舒贾·道莱以 500 万卢比的代价从英国手中赎回奥德的大部分领土，克莱武则在奥德派驻一支英军承担当地防务，其费用由舒贾·道莱支付，这样奥德就成了孟加拉与马拉塔帝国之间的友好缓冲国；克莱武把奥德的两个县献给莫卧儿皇帝沙·阿拉姆二世作为皇家领地，每年还向皇帝提供 260 万卢比的贡奉；皇帝知趣地发布敕令（Firman），把孟加拉、比哈尔（Bihar）和奥里萨（Orissa）的收税权赐给英国东印度公司。

敕令的交接仪式是在克莱武的帐篷里举行的，一张铺着华美桌布的餐桌上摆着一把椅子，充当了孟加拉纳瓦卜的宝座。负责描绘这历史性一幕的画师感慨道：

▲ 莫卧儿皇帝向克莱武发布特许敕令

"如此重要的仪式所花费的时间还不如买卖一头驴子的市场交易时间。"这一纸赦令确立了英国东印度公司在孟加拉的统治权，公司摇身一变从外商转变成了印度皇帝之下的一方诸侯或罗阁（Raj），每年有400万英镑的税赋流入东印度公司的金库。此后，人们也把英国统治下的印度称为"罗阁"，意为"王公"。

英国东印度公司虽然获得了税收权，但克莱武并不直接动手收税，而是委派两人担任公司的代理人负责征收税赋，只给纳瓦卜530万卢比（后来减少到520万）做行政开支。孟加拉的行政机器还是印度的，但最高控制权却掌握在英国东印度公司手中，这就是著名的"双重管理制度"：公司拥有军队、财税以及最终裁决权，却不承担行政责任；纳瓦卜和副纳瓦卜负责行政，却没有军队和金钱。

《阿拉哈巴德和约》签订后不久，1767年2月，克莱武再次离开印度返回祖国，此后他将不再回来。在战场上大杀四方的克莱武仍旧想着从政，但在波诡云谲的政坛上他还嫩得很，被老油条们搞得焦头烂额。也正是在这期间，他在一次听证会上，为自己在印度的行为辩护时说出了上文提到的那段话。克莱武的健康状况一贯不佳，军旅生涯又让他满身伤病，而在印度期间他又养成了吸食鸦片止痛的恶习。1774年11月22日，无法忍受病痛折磨的克莱武选择自杀，终年不到50岁。

初次统治广大土地的英国东印度公司，短时间内还没能完成从商贸企业到地方政府的转型，从管理层到职员普遍存在贪腐行为，他们横征暴敛，似要涸泽而渔。在其治理下，孟加拉的土地税暴涨了5倍。为了牟取暴利，英国东印度公司大规模推广罂粟种植，再制成鸦片卖给中国，这使粮食作物的耕种面积不断被占用，进而导致粮食逐年减产。1769—1773年间，一贯富庶的孟加拉爆发了前所未见的大饥荒，超过1000万人饿死，占了当地总人口的四分之一。1769年5月，英国东印度公司的一个职员在写给董事会的信函中说："有理由认为，自从公司接受收税权以来，这个国家的人民境况比以前更坏了，这个事实是无可置疑的。这对一个英国人说来，诚为痛心。美好的国家，在最暴虐和专横的政府下，尚欣欣向荣，现在却濒于破产了。"

孟加拉的窘境证明，英国东印度公司涉足行政管理和军事扩张之后，"老革命遇到新问题"，它的体制已经跟不上发展节奏了。后来，英国颁布的《1773年管理法案》，改革了东印度公司的管理体制，实施现代术语中被称作"顶层设计"

的管理方式，从此印度总督不再是东印度公司的职员，而由英王陛下挑选的大臣出任。法案颁布后的第一任印度总督由康华利伯爵（Earl of Cornwallis）担任，他不仅建立了印度的公务员体制，还改革了公司的管理制度，大幅度提高职员薪水，实行高薪养廉。廉洁、高效的公务员体制的诞生，从制度上保证了英国在印度的事业可以持续发展。

有了体制的支持，英国在印度的扩张进行得有条不紊，逐个粉碎了马拉塔帝国、迈索尔苏丹国、旁遮普的锡克教王国等地方强国。1803 年，莫卧儿皇帝正式接受东印度公司的庇护，领取英国人发放的年金，从此印度皇帝沦为英国的附庸。1800 年，英国东印度公司的总收入为 1.1 亿英镑，是英国政府财政收入的 6 倍之多，印度终于成了大英帝国王冠上最夺目的那颗宝石，奠定了其之后成为世界第一强国的根基，而这一切，都是从三次卡纳提克战争开始的。

参考文献

[1]（印度）R.C. 马宗达, H. C. 赖乔杜里, 卡利金卡尔·达塔. 高级印度史 [M]. 张澍霖, 夏炎德, 刘继兴, 等, 译. 北京: 商务印书馆, 1986.

[2] 培伦, 主编. 印度通史 [M]. 哈尔滨: 黑龙江人民出版社, 1990.

[3] 尚劝余. 莫卧儿帝国 [M]. 西安: 三秦出版社, 2001.

[4] John Holland Rose, A.P. Newton, Ernest Alfred Benians . *The Cambridge History of the British Empire*[M]. London : Cambridge University Press, 1929.

挣脱"鞑靼桎梏"

库利科沃之战

作者 / 郭晔旻

莫斯科的崛起

1243 年，主持"长子西征"的拔都一手创建了钦察汗国，由于他与他的继承人喜欢居住在金黄色的蒙古包里，西方人往往称他的国家为"金帐汗国"。考虑到便捷的水陆交通和肥美的河湾牧场，拔都将伏尔加河下游的某个地方选为汗帐驻地，这就是后来金帐汗国的都城拔都萨莱，它在文献中又被称为"老萨莱"。需要注意的是，拔都萨莱城与拔都之弟别儿哥建立的别儿哥萨莱城有所区别，拔都萨莱城（老萨莱）的遗址在今阿斯特拉罕不远处，而别儿哥萨莱城（新萨莱）的废墟则在伏尔加河支流阿赫图巴河上，离伏尔加格勒（斯大林格勒）不远。

虽然蒙古人最终撤军了，但他们拥有包括西北罗斯在内的大部分罗斯领土的宗主权，任何罗斯大公或者其他王公必须得到金帐汗的恩准才能即位——这就是马克思所说的"鞑靼桎梏"。对蒙古统治下的"鞑靼桎梏"充满憎恶的俄国学者曾毫不犹豫地谴责道："以成吉思汗及其子孙为首的蒙古封建主，在差不多七十年的时间里，血洗了亚欧国家。前所未有的灾难落到了被征服国家人民群众的身上，征服破坏了他们的城市，践踏了他们的田野，消灭了他们的生产力和文化。"苏联时代，俄国学界甚至把罗斯落后于一些西方国家的原因归咎于金帐汗国的长期统治。直到2014年，俄罗斯历史教科书才用"俄国依附于汗的体系"代替了"鞑靼桎梏"这一说法。

实际上，"鞑靼人"这个称呼自拜占庭时代以来，一直指的是生活在黑海到咸海一带广袤草原上的游牧、半游牧突厥民族。拔都麾下的蒙古人只有约 4000 户，加上随行的家属也不过几万人；而在钦察草原以及更靠东的地区，生活着许多其他民族，如钦察人、保加尔人、佩切涅格人和巴什基尔人，他们大部分都是突厥语系的民族。突厥人在数量上和文化上的优势，使得金帐汗国的蒙古统治者很快就被突厥化了，甚至到 14 世纪初，金帐汗国的诏书也改用当地突厥文来书写。因此，他们也成了罗斯人口中的"鞑靼人"。

尽管如此，金帐汗们仍然关注着罗斯的政局。他们清除了那些不可靠的公爵，又在那些被认为可靠的公爵之间制造不和，使每个公爵都无法增强实力，处于不安状态中，从而利用他们达到为自己服务的目的。

▲ 侵扰巴尔干地区的金帐汗国骑兵

史籍中常有许多罗斯公爵朝拜金帐汗国，以此巩固自己公爵特权的记载。但是，有的公爵去朝拜后就再也没回来，比如切尔尼果夫公爵米哈伊尔·伏谢沃洛多维奇和安德烈·姆斯吉斯拉维奇，他们在金帐汗国被杀死了。

金帐汗要求在蒙古西征中幸存下来的罗斯诸国缴纳贡赋以示臣服。为此，罗斯王公们每年都要缴纳大量贡税，数额因人而异，像瓦西里大公要缴 7000 卢布，而尼热哥罗德王公仅需缴纳 1500 卢布。

最初，金帐汗国的征税被大汗交给"八思哈"①来完成。八思哈制度是汗国在各公国建立的军事与行政合一的政治制度，但这种由八思哈统率给人们留下恐怖印象的蒙古军队，向罗斯诸公国索取贡赋的制度，引起了罗斯人民的强烈抵抗。诺夫哥罗德、罗斯科夫、苏兹达尔等地接连发生抗税起义，这迫使金帐汗逐步改变统治罗斯的方式。13 世纪末，金帐汗开始将征收赋税的权力交给最顺从的罗斯王公；14 世纪初，八思哈制度被废除。大汗从诸王公中挑选出一位最驯服之人，授予他"弗拉基米尔及全罗斯大公"的称呼，以便其以金帐汗在罗斯诸国的代理人身份管理罗斯各公国，收取贡赋。被选中的王公还可以得到另一个好处，即有权把弗拉基米尔城及其周围地区并入自己的领地。罗斯诸王公认为，能得到这一称号十分光荣，于是争相追逐，以便窃取大汗的权力，然后用来对付同自己竞争的王公或臣民。

在之后长达一个世纪的时间里，罗斯诸国一直驯服地匍匐在金帐汗的脚下。1356 年，金帐汗札尼别率 30 万大军越过高加索山，征服了包括伊利汗国首都大不里士在内的阿塞拜疆地区，汗国的版图就此达到巅峰。第二年，札尼别逝世（可能是被其子所弑），金帐汗国的鼎盛时期宣告结束，如乌兹别克谚语所说："骆驼的脖子被砍断了。"1360—1380 年，金帐汗国陷入混乱，走马灯似的更换了 14 位大汗。据史料记载，有 5 个埃米尔（地方总督）各自拥有 3 万多精锐骑兵，割据一方，不听大汗调遣；而金帐汗国最西面的藩属——生活在普鲁特河与德涅斯特河之间的摩尔多瓦人，也在此时挣脱了鞑靼人的统治。

---

① 在突厥语中是"镇守官"的意思。

金帐汗国虚弱到了如此地步，以致对沿伏尔加河水系南下的诺夫哥罗德水上强盗——"大胆的青年好汉"（ushkuyniki）的劫掠无可奈何。这些强盗的行为有些类似早期的维京人，他们乘坐由松木板制成的船只（一般长 12—14 米），其龙骨是一根平直的树干，通常一艘船可以运载 30 人。不过与维京人不同的是，这些诺夫哥罗德人使用的武器包括长剑与弓箭——使用弓箭显然是受到了蒙古人的影响。1360—1375 年，这些强盗对伏尔加河中游的金帐汗国领地进行了 8 次大规模劫掠。特别是在 1374 年，约有 2700 人从诺夫哥罗德沿着伏尔加河航行，迫使从属于金帐汗国的喀山鞑靼人缴纳贡金后，50 艘船沿着伏尔加河大摇大摆地航行，一直来到处于下游的金帐汗国首都别儿哥萨莱。统治者塞尔吉（Salgey）汗无可奈何，只能大摆筵席"欢迎"这些不速之客。虽然在嗜酒成性的诺夫哥罗德人醉倒后，鞑靼人最终将其消灭，却怎么也无法掩盖这样一个尴尬的事实——这些强盗清醒时在神圣的金帐汗国首都，如入无人之境。

金帐汗国的混乱与虚弱仿佛松开了罗斯身上的"鞑靼桎梏"。金帐汗国进入封建割据时期的同时，罗斯却在消除封建割据的道路上不断前进——莫斯科大公国悄然兴起。

"莫斯科"这个名词第一次出现在编年史中是在 1147 年。当时，它只不过是弗拉基米尔王公尤里·多尔戈鲁基的一个庄园，位于涅格林纳河和莫斯科河之间，占地只相当于今克里姆林宫红墙内面积的一半。然而到 12 世纪中叶时，它已变成了一座带有城墙的中心城市。拔都西征后，传统的罗斯强国被一一摧毁，譬如基

◀诺夫哥罗德水上强盗的船只

辅城，5 万居民在蒙古入侵后只剩大约 1000 人，仅有 200 幢房子被保留下来。这一改变，使十三、十四世纪之交的年轻莫斯科与临近的特维尔得到了显著发展，变得繁荣起来。

蒙古军队的入侵、杀戮、征收重税使罗斯地区长期无法恢复，居民大量迁徙。莫斯科与金帐汗国之间有梁赞公国和诺夫哥罗德公国作为屏障，加上四周又有森林、沼泽的掩护，很少受到鞑靼骑兵的入侵和袭扰；因此，迁徙的居民纷纷逃往安全、平静的莫斯科等地，使莫斯科人数激增。这些逃来的人在莫斯科城乡砍伐森林、开垦荒地，建立起一个个村庄，使莫斯科逐渐成为人口稠密的聚居区，农业、手工业和商业也随之繁荣起来。

14 世纪头 25 年里，特维尔和莫斯科为争夺"弗拉基米尔大公"称号展开了激烈斗争。不过莫斯科公国真正强大起来，是在伊凡·卡里达（史称"伊凡一世"）统治时期（1325—约 1341 年）。伊凡一世善敛钱财，得有绰号"钱袋"，却并不守财。他将征收来的大量金银细软尽数送给金帐汗的妻妾子女，目的是为博得大汗的青睐和信任。钱果然没有白花，正好这个时候，莫斯科的竞争者特维尔公国爆发了对鞑靼人的激烈反抗，"特维尔人把全体鞑靼人驱赶到城里的一个地方，将他们全部杀光"。于是，金帐汗按照老办法，扶一个打一个，派出 5 万大军攻入特维尔，并处决了特维尔王公亚历山大。1332 年，月即别汗（又译"乌兹别克汗"）授予伊凡一世"全俄罗斯大公"称号。月即别的随意册封造成了灾难性的后果：莫斯科大公不仅在金帐汗的认可下巩固政权，悄然崛起，改"莫斯科公国"为"莫斯科大公国"；还"利用鞑靼征服者的权力为自己的利益服务"，不断剪除罗斯诸国中的竞争者。

到 14 世纪中后期，莫斯科大公国已经成为最强盛的罗斯国家。在此期间，莫斯科建成了俄罗斯历史上的第一座大型石质建筑——克里姆林宫（即莫斯科内城），并将莫斯科的整个城墙改用白石砌成，城墙长约 2000 米、宽约 3 米、高 3 米多。据记载，此工程极为浩大，仅运石料一项，每日动用的爬犁就达 4500 架。从此以后，莫斯科成了易守难攻的城堡，并帮助罗斯人打退了来自西面的宿敌——立陶宛人的进攻。今天在地图上占地极小的立陶宛（不到 7 万平方千米），当时已经兼并了包括基辅在内的整个第聂伯河流域。1374 年，莫斯科大公国傲然拒绝继续向金帐汗国缴纳贡赋，不再承认自己的"藩臣"地位，揭开了公开反抗鞑靼人统治的序幕。第二年，莫斯科大公德米特里·伊万诺维奇（伊凡一世的孙子）联合 17 个罗斯公侯攻打特维尔。围困一月之后，特维尔被迫投降，承认莫斯科大公为"长兄"，放弃争夺"大公"称号，并保证一道向鞑靼人发起进攻。至此，东北罗斯开始实现政治上的联合，莫斯科成为这一地区的政治军事中心。

　　强大起来的莫斯科大公国开始主动出击。1376 年，一支强大的莫斯科军队进攻从属于金帐汗国的喀山鞑靼人。在这次战役中，喀山的守卫者在东欧战争历史上第一次使用了火器：他们站在城墙上制造出震耳欲聋的声响，以恐吓攻城者。不过这种做法无济于事，鞑靼士兵阵亡 7000 人，最终被迫求和，赔款 5000 卢布，接受莫斯科大公赏赐的"印记"和派出的官员。可惜获胜的莫斯科人太过得意，认为"一个罗斯人可以抵上一百个鞑靼人"，变得放松起来。他们打猎、喝酒、游泳，甚至到周围地区闲逛，根本就没有派出用于侦察的斥候。在这种情况下，

▲ 喀山鞑靼人的军队

1377 年 8 月 2 日，一个来自蓝帐汗国（金帐汗国的东部藩属，位于乌拉尔山以东）的鞑靼人领袖秘密率军到达皮雅那河（Pjana River）畔的罗斯军营地。鞑靼军队兵分五路，向因天气炎热而疲惫不堪的罗斯军人发起突然袭击。罗斯战士的武器和盔甲没有放在身旁，而是在大车上，因此没能抵挡住进攻，惊惶失措地向河上逃去。在过皮雅纳河时，众多士兵与部分大臣被淹死，另一些在岸上的人则被杀害。鞑靼军队毁坏了这一地区的所有村庄。有关皮雅那河战役，民间流传着一种说法："在皮雅那河后面的所有人都是醉鬼。"

皮雅那河战役的失败不啻一次警钟，显示鞑靼人的实力依然不可小觑。这时候，金帐汗国从长期的混乱中走了出来，在一定程度上重新恢复了秩序。一个名叫马迈的万夫长，逐步控制了伏尔加河下游以西直到富庶的克里米亚半岛的广大疆土，虽然他没有占领金帐汗国的两个首都（新旧萨莱），但他已经成为汗国最大的军阀。因此，有一些著作称他为"汗"，这其实是不对的。作为人类历史上最大的游牧帝国——蒙古帝国的缔造者，成吉思汗不仅被蒙古人视为本民族历史上无与伦比的圣主，也长期受到其他游牧民族的尊崇。比如中亚哈萨克汗国的统治者，就声称自己为成吉思汗之子术赤的后代，并以此震慑敌人。甚至远在西亚的土耳其，如今也宣传拔都建立的钦察（金帐）汗国是本民族历史上建立的 15 个游牧帝国之一，虽然血统与地理位置离得实在远了一点。因此，当时"只有成吉思汗家族（黄金家族）才能受到天命护佑以统治天下"，也唯有黄金家族才有资格称汗，成了亚洲内陆游牧民族的一贯观念。甚至被西方史学家称为成吉思汗之后最伟大的征服者帖木儿，由于不属于黄金家族，终其一生也只能采用比汗低一级的头衔"埃米尔"，而奉成吉思汗次子察合台的后裔为名义上的主人。

1378 年，马迈派遣亲信将领别吉赤统领一支骑兵队向不驯服的罗斯人进军。一时间，战争的阴云布满罗斯上空。

从沃札河到库利科沃

莫斯科选择战斗。德米特里·伊万诺维奇没有坐等入侵者到来，而是主动前去迎战鞑靼人。双方军队在沃札河（Vozha River）相遇，展开激战。经过长时间较量，

▼ 沃札河之战

两方势均力敌，没有任何一方能够打败对手，越到河对岸去。1378 年 8 月 11 日，别吉赤按捺不住，派部队过河，大喊大叫着向罗斯人疾驰而去，企图从两翼包围罗斯军队。然而这一次，罗斯人做好了充分准备，他们打退了敌人的进攻，杀死了包括别吉赤在内的 5 名鞑靼将领，随后又向别吉赤骑兵队发起反攻。见对手汹涌而来，鞑靼骑兵扔下自己的帐篷、马车和蒙古包，狼狈逃跑，惊慌之中有许多士兵淹死在河里。徐徐降下的夜幕帮助鞑靼人避开了追击，免去了全军覆没的危险。德米特里·伊万诺维奇满载战利品，胜利回营。

沃札河之战是一个转折点，是 150 年来罗斯人第一次在正规战斗中战胜鞑靼人。罗斯人意识到，鞑靼人绝非不可战胜，但也不能像皮雅那河之战那样过于自信，低估鞑靼人的力量。

这次胜利为之后更大规模的战斗拉开了序幕。得到败报的马迈异常暴怒，他对鞑靼宗王和鞑靼贵族们说："你们要把固执而任性的奴隶们处死！要使他们的城市、他们所有的一切和基督教教堂化为灰烬！我们要夺取罗斯的黄金发财致富！"

罗斯面临着前所未有的威胁，马迈并不满足于发动一次报复性的远征，而是决心捣毁东正教堂，从宗教以及政治上完全征服罗斯人："毁灭基督教，焚毁上帝的教堂，废除上帝的规则。我不想像拔都那样，我将到达罗斯，杀死罗斯的王公们，住在罗斯并统治罗斯，过上安稳宁静的日子。"这就意味着，如果马迈赢得了对莫斯科的战争，罗斯这些东正教国家将被迫皈依伊斯兰教。

为了筹划这次决定性的远征， 1378—1379 年马迈都在招兵买马。他的幕僚对他说："你的军队衰弱了，你的力量枯竭了，但是你有无数财产，你可以……募集许多军队。"

最终，1380 年，由马迈亲自统率的大军从金帐汗国出发，踏上了远征莫斯科的征途。

虽然马迈意图效仿金帐汗国的创始人拔都征服罗斯诸国，但他麾下的军队与昔日拔都麾下横扫东欧的蒙古军队大不相同。此时的金帐汗国，军队由十人队、百人队、千人队和万人队组成，不过装备和队形仍然跟成吉思汗时代一样：骑兵装备重弯刀、远射程的弓以及可以从马鞍上拖下骑兵的带钩的矛。从表面上看，这与 150 年前的蒙古骑兵相似，但根据目击者的记录，比起拔都时代的蒙古铁骑，马迈军队的装备居然退化了——这显然是长达 20 年的混乱与内战的恶果。这一时期的金帐汗国长期缺乏金属盔甲，士兵只能身着浸透油脂的皮盔甲或者用一些皮革、毡子、织物缝制的盔甲。

不过最明显的区别不是装备退化，而是汗王的军队不再是一支纯粹的骑兵。除了蒙古—鞑靼人之外，马迈的军队里还有大量热那亚人、希腊人、亚速人与亚美尼亚人。这些人都备有战斧，构成了军队中的步兵，他们护身的装备有盾、锁子衫以及与锁子甲相连的扁平金属头盔。需要注意的是，热那亚的雇佣矛兵、弩弓兵身着铠甲，是金帐汗国最为精锐的步兵力量，这显然是因为盘踞在克里米亚半岛沿海的热那亚人，希望通过帮助马迈赢得战争，从而谋求更大的贸易利益。

1380 年夏天，马迈率领号称 20 万的大军渡过伏尔加河，驻于沃罗涅日河河口附近。得知马迈出兵后，早就觊觎罗斯土地的立陶宛王公雅盖洛·奥尔格尔多维奇立即同他结成联盟，答应 9 月 1 日与蒙古—鞑靼人会合，一起进军莫斯科。莫斯科周围两个最大邻国的结盟，使其有了被击溃、被肢解的危险。除了这两个充满敌意的邻居之外，莫斯科周围还有一个摇摆不定的梁赞公国。位于莫斯科东面的梁赞王公奥列格·伊万诺维奇担心自己与鞑靼草原接壤，会首先遭到鞑靼人的攻击，因此采取骑墙态度。他一边派人给德米特里写信，警告他："马迈倾国出动，进军梁赞地区反对你我，雅盖洛也是这样，但是我们的手还高举着。不要睡，鼓起勇气来！"结果一转身，他就对马迈摇尾乞怜："您，最英明的君王，如今取得黄金和大量财富的时机到了……莫斯科的财富将落入您的手中；而您的奴隶——梁赞的奥列格，将有幸获得您的恩典……"奥列格的如意算盘是：马迈获胜后，从金账汗国那里取得莫斯科领地的一部分，借此取代德米特里，成为新的"全俄罗斯大公"；如果德米特里获胜，则从莫斯科那里得到回报。

德米特里·伊万诺维奇获悉马迈出兵后，立即向罗斯各公国派出急使，号召大家全力以赴保卫罗斯领土。整个罗斯都被动员起来，记载库利科沃大决战的古老叙事诗《顿河左岸故事》写道："战马在莫斯科长嘶，颂歌响彻整个国土。号角在科洛姆纳吹奏，战鼓在谢尔普霍夫敲响，军旗在大顿河的陡岸上飘扬。"德米特里大公从自己的公国与从属王公的领地召集起了一支罗斯历史上空前庞大的大军，于 1380 年 8 月 15 日向东进发。莫斯科大公的计划是：阻止立陶宛人与鞑

▲ 罗斯骑兵

鞑靼人会合，并猛攻最强大、最危险的鞑靼军，赶在马迈军侵入罗斯各公国之前将其消灭。

莫斯科军的核心是封建王公们率领的亲兵。这些富有战斗经验的老兵是骑兵，其武器是罗斯长剑（类似鞑靼人的马刀）、悬挂在皮带上的圆锤与挂在肩上的弓弩。德米特里为他的亲兵准备了在欧洲堪称一流的罗斯盔甲：锁子甲由一枚枚直径10—12毫米的铁环锻铆而成，胸前的护心镜用铁皮包裹，球顶尖盔为金属制成。夏日阳光照射在这些戴着头盔、身穿锁子甲的骑士身上，闪烁着可怕的光。在俄罗斯的民间文学里，这些骑士的"盔甲好似流水在风中轻轻浮动。镀金的头盔戴在头上好似晴天的朝霞闪闪发光……"

不过，这支亲兵战斗力虽然强大，但人数却不多。罗斯军队的主力是民团——"按索哈应征者"，即从农民和城市"黎民百姓"（指向国家纳税的人）中征集

▲ 罗斯步兵

的人民武装。城市居民为民团核心，主要成员是手工业者和普通公民，也有商人、地方领主及其侍从；而农村居民，则主要为自由农民。当形势变得十分危急时，所有能使用武器的市民均须参加民团。民团的军人根据所带的武器分别承担骑兵和步兵勤务。

在蒙古人入侵前，罗斯国家的惯例是，战时不动员农村居民，农民不参加战斗；但蒙古人入侵改变了这一惯例，并使莫斯科建立起了一套快速而广泛的征兵系统，包括所有农民在内。按"索哈"征集来的民兵用斧子、猎熊矛、长木棒（粗棍子）和短锤武装起来。这些普通士兵买不起价格高昂的锁子甲，他们穿上缝有铁块、铜块的衬衣、皮袄来保护自己。至于头盔和盾，自然也是奢侈之物。

颇为讽刺的是，比起蒙古入侵前的罗斯军队，1380 年的莫斯科军队在一个半世纪的"鞑靼桎梏"下变得强大多了，而这恰恰是蒙古人造成的。俄国著名史学家巴托尔德说过，15 世纪突厥人的军事结构是"成吉思汗帝国的遗产"，在某种程度上这句话同样适用于 14 世纪后期的莫斯科大公国。蒙古统治期间，前往汗的营帐获取敕令的罗斯王公们为了获取汗的眷顾，经常参与金帐汗的远征。此外，还有很多罗斯人被征召到蒙古军中参加战斗（一般按成年男子 1 ∶ 10 的比例征召）。譬如，罗斯托夫的王公们就曾带领自己的士兵参加过 1277—1278 年金帐汗国对北高加索倔强山民的远征。这样做的后果就是，在参与蒙古可汗指挥的一系列军事行动的过程中，罗斯人学到了蒙古人的军事策略和组织制度，并将其引入罗斯军队。

一个很明显的迹象是：这一时期，罗斯军队是按十进制的标准组建的，即十人队、百人队、千人队和万人队，并且每一个指挥官都有一面旗帜和一个信号鼓，这些都仿自蒙古骑兵。罗斯采用的这种与蒙古军队高度相似的军事组织制度说明，蒙古统治对罗斯的影响十分巨大，这种影响至今还能在俄语中得到体现，俄语中的"战旗""大鼓"等单词都是源自中世纪的蒙古语。此外，在武器装备方面，自 13 世纪中期开始，罗斯士兵传统的盔甲逐渐被蒙古式盔甲替代，以致 14—16 世纪生产蒙古—鞑靼样式武器的波斯手工匠人在罗斯名气很大。随着罗斯军队逐渐向蒙古骑兵靠拢，它与欧洲邻国的军队慢慢显露出差异来。实际上，当时的鞑靼士兵和罗斯士兵使用的某些装备完全相同，譬如罗斯骑射手的装束和武器，就与鞑靼骑射手的一样。而同处东欧的波兰和立陶宛士兵与罗斯士兵的装备大相径庭，他们穿着截然不同的欧式铠甲和头盔。当时的罗斯重骑兵虽然在地位上与欧洲的骑士相差无几，但战马却没有披上欧式重甲，而是身披轻甲或皮制马铠，显然是受蒙古骑兵的影响，通过减轻马甲的分量来提高重骑兵的机动性。

蒙古—鞑靼军队常用的诱敌伏击战术也被罗斯军队学了去，即日后俄国哥萨克骑兵著名的"拉瓦"战术。进攻时，主力部队的骑兵间保持几步间隔，然后疏散队形，分两翼前进包抄敌军，只留出后面的精锐梯队；如果包抄不成，就四散回撤，在事先安排好的掩护部队后面集合，再次组织进攻。他们会以突击的方式迅速冲破敌军的战斗队形，并在追击敌人的时候保持军队的机动性。这一战术毫无疑问来自曾使罗斯人在战场上一败涂地的蒙古骑兵。

前往迎战马迈多民族杂牌军的就是这样一支很大程度上已经"蒙古化"的罗斯军队。1380 年 9 月 7 日，德米特里的军队进抵顿河左岸，此时的他面临一个艰难的抉择：是渡过顿河去迎击马迈的军队，还是留在左岸？显而易见，若是渡河，一旦战败将没有退路，停在顿河左岸则比较安全。一些谨慎的将领认为应该留在左岸，"给自己留住后路"；另一些将领则主张渡河，"让所有人作战，都不要耍滑头，谁也别想幸免"！这时候，三位一体修道院的"圣徒"谢尔吉捎来了口信："不要犹豫不前！与信仰一道前进，迎击敌人的暴行。不要害怕，上帝在你们这边。"时年 30 岁的德米特里大公也认识到，自己的民兵人数虽多，但没有经过战斗队形方面的训练，只有在组成密集阵型时才是一支有效的战斗力量，所以不能指望他们沿河岸部署时能够阻止鞑靼军队渡河。鉴于此，他决定率兵渡过顿河，"与其苟且偷生，不如光荣地死"，在对岸的库利科沃平原（今属俄罗斯图拉州库尔金地区）与蒙古军决战。用中国人熟悉的话来说，就是"破釜沉舟""背水一战""置之死地而后生"！另一方面，罗斯军队渡过顿河将使已抵达己方侧后的立陶宛大公的军队无法进击，同时使蒙古军不好作战：库利科沃原野位于涅普利雅德瓦河与顿河汇合处，这里原野虽然广大却沟壑纵横，中间是一片沼泽地，四周山峦起伏，丛林密布。这种地形比较适合莫斯科大公国的步兵作战，鞑靼骑兵则很难发挥威力。

横在罗斯军队面前的那段顿河既无桥梁，又无渡口。由于形势紧迫——莫斯科的侦骑发现马迈的大军就驻扎在距离库利科沃原野大约 7 俄里（1 俄里 =1.067

▲ 德米特里下令前进

公里）的地方，德米特里大公当场决定在顿河上架桥。于是，罗斯军队火速砍伐岸边的树木筑起桥梁。当天夜里，趁着夜色和浓雾，罗斯大军通过桥梁顺利渡过顿河，来到库利科沃原野，静待中世纪欧洲规模最大的会战之一——库利科沃之战的爆发。

决战库利科沃

关于库利科沃战役的参战人数，长期以来一直有着不同的说法。中世纪的文献记载，德米特里大公集结了罗斯历史上前所未有的 10 万大军，迎战马迈麾下的 15—20 万鞑靼军。但这个数字恐怕太过夸张，毕竟当时任何一个西欧国家都无力支持这样一支庞大的军队在战场上作战，哪怕一个世纪后版图得到极大扩张的莫斯科大公国也不过动员起 10 万军队；而且，宽度只有 5 公里的库利科沃原野根本不能使双方如此庞大的军队全部展开。因此，当代研究者认为，库利科沃战场上的罗斯军队人数应该在 3.6 万人左右（以中世纪的标准而言仍是一支庞大的力量），而鞑靼军也不可能有 15 万人。

但有一点是确定无疑的，马迈军队的人数大大超过罗斯军。因此，德米特里不得不选择先防御后进攻的战术。他计划先牵制住对方的兵力，待其精疲力竭时，以设伏部队实施决定性突击，从而赢得胜利。为此，他将全部罗斯步兵排成纵深的链条状，以便每个未经沙场的战士都能感到自己背后的同胞；至于罗斯骑兵，由于仍旧无法与数量上占有优势的马迈骑兵抗衡，因此被作为伏兵使用。

为了充分利用"地利"优势，德米特里特地对罗斯军队的阵型进行了精心布置，他将军队分成5个部分：战列中央是主力部队大团，延绵5俄里；两翼是左团、右团，战线一直延伸到蒙古骑兵难以接近的茂密丛林；主力之前则配有警戒团和先遣团。警戒团的任务是与蒙古军先行接战；而由莫斯科亲兵组成的先遣团的任务，则是抵御蒙古军的首次突击，并打乱其战斗队形。此外，德米特里还抽调精骑组建了一个伏击团，由经验丰富的老将德米特里·布罗克-沃伦斯基和表兄弗拉基米尔·安德烈耶维奇统率。该部担任总预备队，隐蔽在主力左翼侧后靠近顿河渡口的绿色丛林中。这使罗斯军队的战斗队形既可以保障军队抗击正面和侧翼的突击，又能不断增强纵深的突击力量，使队形各部分之间便于协同作战。一旦战斗爆发，这种布阵不仅能使鞑靼人无法从两侧迂回包围罗斯军队（由于数量上的优势，两侧迂回包抄对鞑靼人有利），还能让鞑靼人既不能前进也不能曲折绕行，"因为没有地方"。

至于军队的最后方，则是负责罗斯军队给养和作战物资的辎重队。罗斯人在行军作战期间，一般随身携带着粮食，如黑麦、燕麦粉、干鱼、火腿、洋葱头等。一旦军队的给养即将耗尽又无法补充，就会只供应部分军队的给养，而将其余军队解散，以减少消耗。但在库利科沃之战前，德米特里大公意识到后勤的重要性，亲自督促粮食的筹集，命令司库和中央的宫廷经济总管为军队供应充足的粮食。因此，罗斯的辎重车里装满了军队作战需要的粮食，解除了后顾之忧。

一切部署完毕后，德米特里脱下大公甲胄，交给了自少年时期就是朋友的贵族青年米哈伊尔·安德里耶维奇·布林克，并让他站到大公旗帜下。按照当时的看法，只要旗帜在飘扬，谁都不会离开队伍，因此交战的每一方都会高举自己的旗帜，并打倒或夺下对方的旗帜，军队指挥官通常直接站在旗下。但莫斯科大公放弃了这个传统做法，他换上普通军人的服装，跨上一匹战马来到步兵阵地，下令全体士兵战斗到最后，即使军旗丢了，也不能停止攻击。大公不吝惜自己生命的样子自然鼓舞了罗斯士兵。

总的来说，罗斯军队的布阵虽然稳妥，却也将战役的主动权拱手让给了鞑靼人。如果对手是成吉思汗时代的哲别或是速不台，面对罗斯军队这种防御阵型，绝对不会选择强攻。在13世纪的战争史上，蒙古军并不热衷"杀敌一万，自损八千"的决战。所谓"兵者，诡道也"，正如《马可·波罗游记》里记载的那样，蒙古军喜用诈术，"敌人见其奔逃而自以为获胜时，实不自知为败亡之征，而鞑靼将乘势回击也。其用此法取胜之例不少"。因此，倘若马迈按兵不动，等待立陶宛人到来，腹背受敌的罗斯人将必败无疑：立陶宛大公雅盖洛·奥尔格尔多维奇正率军日夜兼程向库利科沃赶来，距离战场只有两天的路程。

可惜，刚愎自用的马迈没考虑这么多。当初他一怒之下不顾国力动员了大军，结果得知莫斯科大公国拼命抵抗后，作战信心就发生了动摇，致使汗国的大军在1380年夏初渡过伏尔加河后逡巡不前，放过了进攻尚未集结完毕的罗斯大军的战机。随后，他又遣使告诉莫斯科大公国，只要恢复半个世纪前（金帐汗国鼎盛时期）缴纳贡赋的惯例，便可罢兵，但被德米特里拒绝。进退维谷之际，马迈得知罗斯军队已经逼近，只得仓促率军于1380年9月8日赶到库利科沃平原。正午时分，浓雾散去，出现在马迈面前的是正严阵以待的罗斯军队。

与罗斯军队一样，库利科沃战场上的蒙古—鞑靼军队同样分为5个部分：先遣支队（轻骑兵）、中军（步兵）以及强大的左、右侧军（由重骑兵组成，分两列横队展开，各自有自己的先遣支队）和预备队。在这支"多国部队"的中央，是募集来的以热那亚人为主的雇佣步兵。士兵们身着深色长衣、黑色头盔，手持长矛，长矛搭在肩上，矛头朝前。当连成一片的长矛之林徐徐向前推进时，不由得使人联想起亚历山大大帝那支无坚不摧的"马其顿方阵"。雇佣步兵组成的方阵人数虽多，但马迈的王牌仍是位于战线两翼，灵活机动，带着弯刀、弓箭的鞑靼骑兵。

令人费解的是，兵力占优的马迈不愿采用毫无风险的获胜方式：从远处用箭齐射罗斯军团。虽然因为罗斯军很大程度蒙古化了，但蒙古—鞑靼人在赖以称雄的骑射方面仍旧占有巨大优势。在世界其他地方广泛使用的全木一体弓虽然制作简单，却不适合亚洲内陆的游牧民族。原因在于，在广阔的草原上很难获得优质木材。被欧洲人认为是制作英格兰长弓的最好材料——紫衫，在西伯利亚并不生长。所以，公元前3000年的草原工匠一直在试验用其他材料加强弓。大约在公元前2000年，完善的复合弓率先出现在贝加尔湖地区。制造这种复合弓虽然很费时间，但它不仅仅是一种木制一体弓的单纯替代物。实际上，鞑靼人使用的蒙古式复合弓由弓背上的一条动物筋、弓肚上的一层角质物和中间的一个木架组成，弓上涂有防水油漆，因此是一种不受降雨影响的"全天候武器"，它的射程高达350码，比在英法百年战争中扬名的英格兰长弓还要远100码！长弓的力量主要依靠箭头的重量，蒙古式复合弓的威力则主要依靠箭头的速度，而且体型比长弓短小，因此适合在马背上使用。直到15世纪初期，生活在伏尔加河附近的鞑靼游牧民，其歌谣里还有这样的歌词："吾之弓绷紧又有弹性，吾试引吾弓。吾有一钢箭，涂有色彩，箭翎乃乌鸦之羽。"

蒙古人与敌军遭遇时，一般会先登上制高点观察地形地貌，尔后抵近侦察敌情，以期找出破绽。如果敌军如同库利科沃战场上的罗斯军队一样摆出严整的阵型，那么佯攻的蒙古轻骑兵会一队接一队地做冲击状以吸引敌人的注意，为主力部队合围争取时间。当包围圈完成时，最后到位的马队将发射鸣镝以为信号，所有蒙古骑兵得信后，瞬间从四面八方同时向敌阵发起齐射，将敌军淹没在箭雨之下。在这个过程中，如果敌军企图以骑兵出击来驱逐蒙古射手，那么后方的蒙古重骑兵会立即越众而出进行掩护迎击。

然而，希望迅速获胜的马迈直接发起了进攻！

大约中午12点，史诗般的库利科沃大战开始了。

按照当时欧洲作战的惯例，双方相距一箭之地时，会各派一名勇士进行单挑。单人匹马的奋战虽然无法决定战局的走向，却可以鼓舞士气。罗斯的勇士，一名东正教修道士亚历山大·佩列斯韦特向金帐汗国的勇士帖木儿－木儿咱（Temir-murza）挑战。德米特里为佩列斯韦特整理铠甲，赏他酒喝，然后扶他上马。双方勇士纵马疾驰，仅过了一个回合，佩列斯韦特就用长矛将对手挑于马下，但罗斯军队的欢呼声尚未响起，人们就发现佩列斯韦特也倒在了马鞍上。两位勇士同归于尽，预示这场战役将十分惨烈。

战斗打响后，马迈的鞑靼大军开始进攻罗斯的先锋团。"鞑靼军从高地冲下，却立即停在那里，因为已经无处可进了。"虽然罗斯的步兵部队毫不畏惧同鞑靼人厮杀，但鞑靼人在数量上占有明显优势，不久，罗斯的警戒团和先锋团几乎全部被屠。光荣的罗斯战士英勇地牺牲了。接着，鞑靼人开始猛攻罗斯大团，并冲入大团中间，打败了莫斯科亲兵队。之后，骇人的肉搏战开始了。史籍这样描述此次战斗："镀金的头盔叮当作响，深红色的盾咚咚地响。宝剑呼啸，锐利的军刀在好汉们的头旁闪烁，勇士的鲜血沿着包铁皮的马鞍流下，锻金的头盔在马蹄旁滚动。"

突破罗斯大团的中心部分之后，鞑靼人冲向大公旗帜处，奋力将旗帜砍碎。身披大公盔甲的米哈伊尔·安德里耶奇·布林克被当场杀死，而身披列兵盔甲的德米特里大公也不幸负伤。但是不久之后，弗拉基米尔、苏兹达尔、布良斯克亲兵队投入了战斗，迫使鞑靼人后退，使局势得到控制。罗斯大团终于顶住了敌人的进攻。

随后，马迈把攻击重点转向罗斯左翼。鞑靼人如巨浪般地急速冲向左翼，其意图很明显，要从左翼包抄罗斯军并切断其与后方"生命线"——顿河渡口之间的联系。战斗异常激烈，"横尸遍野，以致战马无法从尸体上踏过，（罗斯士兵）有的死于己方误杀，有的则被马蹄踩死。许多士兵汇在一起，挤得连气都喘不过来，顿河与密察河之间的库利科沃原野容纳不下（这许多士兵）了。"

罗斯军队的右翼成了军阵最稳固的地方，纵横交错的沟壑阻碍了鞑靼骑兵的行动，他们击溃了敌人的所有进攻。但是指挥右团的安德烈·奥尔格尔多维奇并不敢贸然出援大团：如果出援大团，右团将失去有利地形，那他们将和大团一起被对方歼灭。与此同时，金帐汗国的部队对罗斯军队左翼的进攻丝毫没有减弱。罗斯军左翼大部分士兵已经牺牲，只剩一部分在坚守阵地。虽然罗斯军队的局部预备队在这里投入战斗，迟滞了马迈的进攻，但未能抵抗住敌人强大的冲击。下午3点，金帐汗国的骑兵队摧毁了罗斯军队的左翼防线后，开始冲向大团的后方。被打败的罗斯左团，开始退向涅普里亚德瓦河。

此刻，鞑靼军胜利的欢呼声和哨声已经在原野上响起，马迈得意扬扬地率领手下的5位王公登上了鞑靼军战线后方的高岗，准备欣赏"刹那间人血横流的情

库利科沃之战（1380年）

俄军伏兵
俄军初始位置
俄军预备队
俄军左团
俄军右团
俄军大团
俄军先遣团
骑兵预备队
马迈中军

▲ 库利科沃之战的战场形势

景"。此刻，鞑靼军已经胜利在望，似乎用不了多久，会战就将以鞑靼军的屠杀而告终。而莫斯科大公国（甚至整个罗斯）韬光养晦一个世纪积蓄起来的武装力量将在这次惨败后荡然无存，压迫在罗斯人身上的"鞑靼桎梏"仍牢不可破……

就在这千钧一发之际，天气突变，刮起了逆风。正在包抄罗斯军侧翼的汗国骑兵的后背朝向了隐藏在一片绿树林后面的"伏击团"。早就在等待战机的德米特里·布罗克－沃伦斯基见风向有利，策马高呼"兄弟们和朋友们，大胆地冲啊"，指挥罗斯军队最后的预备队——埋伏在丛林中的万人骑兵预备团，趁着风势冲向平原，袭击突入大团后方的蒙古骑兵。一时间，巨大的战旗高高飘扬，养精蓄锐已久的罗斯士兵如同饿虎扑食从丛林中一跃而出，冲向库利科沃战场。

这支力挽狂澜的生力军，一举扭转了整个战局：形势从鞑靼军即将合围罗斯军变成了罗斯军前后夹击鞑靼军。已胜券在握的金帐汗国军队一片混乱。大团剩余的罗斯战士乘机鼓起余勇，转入反攻。在高岗上观战的马迈手里已没有预备队了——预备队早就被用在了进攻罗斯大团的战斗中。在这紧要关头，马迈没有表现出卓越统帅应该具备的镇定和应变能力，眼看罗斯军队上演绝地反击，他惊慌失措，居然选择"三十六计走为上"，没等到军队被完全击溃就抛下仍在苦战的将士转身逃走，甚至连拔都以来金帐汗国大汗权力的象征——神圣的"金帐"也弃之不顾了。

腹背受敌，主帅逃跑，这令鞑靼军队斗志全无，很快便兵败如山倒，向东逃去。罗斯军反败为胜，向前进击近50公里至克拉西瓦亚梅恰河，沿途歼灭了不少马迈残军。直到晚上，追击的罗斯战士才开始返回库利科沃平原，胜利的欢呼声在原野上久久不散。

回到战场的罗斯士兵开始寻找他们的最高统帅德米特里大公。英勇的大公作为一名普通战士作战，所有人都知道"他冲锋在前，同鞑靼人多次厮杀"。有人曾看到他与 4 个蒙古士兵厮杀在一起。几经周折，德米特里终于被找到，当时他穿着被砍碎的甲胄躺在一棵被砍倒的树下昏迷不醒。大公曾无畏地厮杀，但仍被"鞑靼人的力量"战胜，是出色的甲胄使他幸免于难。恢复知觉后，他走遍战场，下令掩埋牺牲军人的遗体，随后收兵，返回莫斯科。靠着这场胜利，他获得了"顿斯科伊"（即"顿河王"）的尊称。

库利科沃战役结束两天后，马迈的同盟者雅盖洛·奥尔格尔多维奇赶到了战场，可是姗姗来迟的立陶宛人没有勇气与胜利者较量，只捕获了罗斯军的一些运输车，并把车上的所有伤兵杀死泄愤。

▲ 被部下救出的德米特里大公

敲响丧钟

正如别林斯基所写："'顿河王'德米特里用剑而不是用驯服的态度，向鞑靼人预告了他们对罗斯统治的结束。"通过库利科沃战役的胜利，罗斯人向世界展示了自己的力量，并显示出无与伦比的勇气与不俗的实力，无论是立陶宛大公还是金帐汗国的鞑靼人都不能将它摧毁——莫斯科已经走上了历史的舞台。"罗斯领土上发生了令人惊奇的事，各方土地都顺从罗斯，从罗马、卡夫和特尔诺夫到君士坦丁堡，到处都是一片赞扬声：伟大的罗斯在库利科沃旷野战胜了马迈。"15世纪的德国历史学家、天主教会主教阿利别尔特·克兰茨更是把罗斯人的这场胜利称为"人类记忆中最伟大的胜利"。毫不夸张地说，莫斯科在库利科沃原野获得了重生。

然而，罗斯诸国为这次胜利付出了极其高昂的代价。据说，只有十分之一的罗斯士兵平安返回家乡，12名王公与483名军官殒命，这意味着罗斯军队失去了60%的指挥官。虽然马迈的军队损失更大，但是德米特里军队中阵亡的是罗斯人，马迈军中阵亡的主要是雇用的外族人。金帐汗国利用外族军队，使本民族的一部分力量被保存了下来。这就使金帐汗国在库利科沃战役后能比罗斯更快恢复军力。

至于马迈，他在库利科沃战场上的拙劣指挥——先是草率出兵，接着犹豫不决，在战场上又盲目决战，最后临阵脱逃，交替犯下"冒险主义"与"逃跑主义"的错误——使他威信扫地，不久就在金帐汗国的又一次内斗中落败，随后退出历史舞台。"马迈的王公们背着他商议：我们待在马迈的国家有什么好处呢？没有任何好处，到处都要受到敌对者的咒骂和杀戮！"众叛亲离的马迈被迫逃亡克里米亚，在那里，他被曾经的亲密盟友——热那亚人杀死。

取代马迈的是金帐汗国的藩属——位于乌拉尔山以东的白帐汗国的统治者。早在1361年的时候，白帐汗国就曾干涉宗主国金帐汗国的事务，在击败马迈后，白帐汗脱脱迷失在撒马尔罕的主人——"跛子"帖木儿的帮助下，成了新的金帐汗。脱脱迷失"不仅夺得了从阿斯特拉罕到不里阿耳的伏尔加河流域，而且占有了北高加索、伏尔加河以西地区及克里木。只有花剌子模没有包括在重新统一起来的钦察（金帐）汗国的版图内"。

这样，金帐汗国还有力量复苏。脱脱迷失"派使者到莫斯科德米特里·伊万诺维奇大公及其他罗斯王公那里，通知他们，自己将在伏尔加王国登基，并通告了自己是如何即位，如何战胜对手及敌人马迈，如何在伏尔加王国坐上王位的"。成功整合了金帐汗国与白帐汗国全部力量的脱脱迷失，决心为库利科沃的失败复仇。1382 年夏，为了使在伏尔加河经商的罗斯商人不把他准备出征的消息传到莫斯科，他下令扣留了所有罗斯商人。他们的船只被拖到汗国河岸边，脱脱迷失率军乘着这些船只疾速向莫斯科驶去。

莫斯科大公国被打了个措手不及。由于经过库利科沃战役而力量衰弱的莫斯科地区派不出大军，德米特里大公被迫动身去北部地区征集士兵。鞑靼人趁着这个机会包围了莫斯科城，他们射出的箭矢雨点般地向城墙上飞去，勇敢的莫斯科保卫者被射死不少。鞑靼人攀着云梯企图爬上城墙，莫斯科人还以箭矢、沸水、石块、烧热的焦油……值得注意的是，正是在这次莫斯科保卫战中，罗斯人动用了火器，不是手持的火器，而是发射火药瓢和石核的炮。鞑靼人猛攻了三天也没有攻下莫斯科。

这时，脱脱迷失突然宣布决定停战，但他希望自己和一小队人马能进城"游览"以满足好奇心。结果进城以后，鞑靼人便发动猛攻，夺取了一座城门，接应的援兵蜂拥而入，他们控制了莫斯科城，并在劫掠一空后将之焚毁，共杀害市民 2.4万余人。虽然脱脱迷失没有接着与"顿河王"交锋，而是带着巨额战利品撤兵了，莫斯科大公国的首都和大片领土皆已沦为废墟。德米特里不得不重新接受金帐汗的宗主地位，并缴纳贡奉——"每个村子半卢布银币"。作为交换，金帐汗承认德米特里"全罗斯大公"的地位。但无论如何，蒙古人对罗斯的控制已经大不如从前，新的时代即将到来。

尽管罗斯大地还要被蒙古人统治留整整一个世纪，但是库利科沃一战的失败显示出金帐汗国的军事力量与谋略都已严重衰退。莫斯科人为了避免鞑靼人侵扰而上交的"贡赋"也逐渐减少，到后来更是少得可怜，犹如"馈礼"一般。德米特里确信罗斯将会彻底打破"鞑靼桎梏"，他于 1389 年去世（时年 39 岁），死前留下遗嘱："上帝将使金帐汗国发生变化，我的子孙将不向金帐汗国缴纳贡税。"这份嘱托充分显示了莫斯科要摆脱金帐汗国控制的决心。

▲ 乘船进攻莫斯科的鞑靼人

▲ 莫斯科的守卫者

▼乌格拉河战役

▲ 16世纪的蒙古—鞑靼军队

实际上，作为当时整个罗斯地区最强大的王公，除了罗斯西部，罗斯其他地方皆已服从莫斯科大公。因此，德米特里在遗嘱中敢于无视金帐汗的权力，把历来须经金帐汗国册封的弗拉基米尔大公国作为自己的"世袭领地"移交给长子瓦西里（1389—1425 年在位）。金帐汗无可奈何，只好默认。在内部与外部的共同打击下，到 15 世纪，金帐汗国最终崩溃，分裂成大帐、喀山、克里米亚、阿斯特拉罕等小汗国。而"顿河王"的曾孙伊凡三世（1462—1505 年在位），恰在库利科沃之战一百周年之际（1480 年），于距离莫斯科不足 200 公里的乌格拉河击退了阿合马汗率领的大帐汗国的进犯。与此同时，伊凡三世的同盟克里木汗不断从背后袭击阿合马汗的领地，而答应增援阿合马汗的盟友立陶宛大公根本没有出兵，阿合汗马无奈之下，只好从莫斯科边境仓皇撤兵。伊凡三世轻而易举地取得了这场战争的胜利，使罗斯彻底独立，挣脱了历时 240 年的"鞑靼桎梏"。

至于金帐汗国瓦解后产生的诸汗国，它们的命运还没有走到尽头。阿合马汗从乌格拉河撤退后，在返回汗廷途中遭到西伯利亚鞑靼人的狙击，阿合马汗战败被杀。1502年，克里米亚汗国的军队攻克大帐汗国首都萨莱，大帐汗国宣告灭亡。1552年，沙皇伊凡雷帝以强大的炮兵攻克喀山，削平了清真寺，兼并了喀山汗国。两年后，俄国人又进一步向南用兵，吞并了力量微弱的阿斯特拉罕汗国。

16世纪中期，金帐汗国的血脉只剩下克里米亚汗国。这是拔都弟弟秃花－帖木儿的后裔哈吉·格莱在1430年建立的国家，疆域为克里木半岛和黑海北岸草原。随着俄国国势日盛，克里米亚汗国最后自顾不暇，只能靠奥斯曼帝国的保护苟延残喘。这一切终结于1783年：7万俄军开入克里米亚，女皇叶卡捷琳娜二世正式吞并了鞑靼人的汗国。从此，克里米亚迎来了新主人——俄罗斯。金帐汗国留下的最后一块土地并入俄罗斯帝国，宣告了俄国人对"鞑靼桎梏"长达300年的复仇终于完成。至于克里米亚汗国的末代汗、成吉思汗在欧洲最后的后裔，则被流放到土耳其，于法国大革命前夕死去。

参考文献

[1]（苏）潘克拉托娃，主编. 苏联通史（第一卷）[M]. 山东大学翻译组，译. 北京：生活·读书·新知三联书店,1978.

[2] Б.Д. 格列科夫 А.Ю. 雅库博夫斯基. 金帐汗国兴衰史 [M]. 余大钧，译. 北京：商务印书馆，1985.

[3]（美）T.N. 杜普伊. 武器与战争的演变 [M]. 王建华，译. 北京：军事科学出版社,1985.

[4]（法）勒尼·格鲁塞. 蒙古帝国史 [M]. 龚钺，译. 北京：商务印书馆,1989.

[5] В·В·马夫罗金. 俄罗斯统一国家的形成 [M]. 余大钧，译. 北京：商务印书馆,1991.

[6]（法）勒尼·格鲁塞.草原帝国 [M].魏英邦，译.西宁：青海人民出版社,1991.

[7] 罗旺扎布，德山.蒙古族古代战争史 [M].北京：民族出版社,1992.

[8] 徐德源，主编.世界军事后勤史（中世纪部分）[M].北京：金盾出版社,1993.

[9] 倪健中，宋宜昌.风暴帝国 [M].北京：中国国际广播出版社,1997.

[10]H.A.舍福夫.俄罗斯最著名的战争与战役 [M].田永祥，译.北京：中国财政经济出版社，2001.

[11]（俄）卢布钦科夫.俄罗斯最著名的统帅 [M].莫明，译.北京：中国财政经济出版社,2001.

[12] 阿木尔门德.蒙古族古代典型战例 [M].沈阳：辽宁民族出版社,2002.

[13] 巴特，洪坚毅.蒙古族古代战例史 [M].北京：金城出版社,2002.

[14] 胡泊，主编.蒙古族古代军事史 [M].沈阳：辽宁民族出版社,2004.

[15] 肖允华.外国古代 50 个经典战例评析 [M].北京：国防大学出版社,2007.

[16] 张凯.图说外国古今骑兵 [M].北京：解放军出版社,2011.

[17] 孙嵩霞.蒙古对俄罗斯的统治及其影响 [D].济南：山东大学,2013.

[18] 罗万艳.论帖木儿帝国与钦察汗国的关系 [D].贵阳：贵州师范大学,2007.

[19] 李巧.古代罗斯亲兵制度研究 [D].武汉：华中师范大学，2016.

[20] S Turnbull,A McBride. *Men at Arms The Mongols*[M]. Oxford:Osprey Publishing,1980.

[21] David Nicolle,Richard Hook. *The Mongol Warlords:Genghis Khan, Kublai Khan, Hulegu, Tamerlane*[M]. New York:Firebird Books,1990.

[22] V Shpakovsky & D Nicolle. *Men at Arms Medieval Russian Armies 1250−1500*[M]. Oxford :Osprey Publishing,2002.

[23] Galina M. Yemelianova. *Russia and Islam A Historical Survey*[M].palgrave, 2002.

[24] Stephen Turnbull. *Genghis Khan & the Mongol Conquests 1190−1400*[M]. Oxford : Osprey Publishing,2003.

创作团队简介

指文烽火工作室：由众多历史、战史作家组成，从事古今历史、中外战争的研究、写作与翻译工作，致力于通过严谨的考证、精美的图片、优美的文字、独到的视角为读者理清历史的脉络。目前已经出版军事历史类图书四十余本，其中包括《战争事典》《战场决胜者》《透过镜头看历史》《信史》四款 MOOK 系列丛书，以及《中国古代实战兵器图鉴》《倭寇战争全史》《明帝国边防史》《拿破仑战记》《秘密战三千年》《帝国强军：欧洲八大古战精锐》《帝国强军：中国八大古战精锐》等专题性图书。

张宏伟：帝都宅男奶爸一枚，自幼颇爱历史，尤好 19 世纪军事史，在超音速论坛上发表过《普鲁士之鹰复活：罗斯巴赫与洛伊滕战役》《美国—墨西哥战争史》。

董振宇：钻研东亚古代历史，对中国、日本、琉球王国、朝鲜等古代史皆有涉猎，著有《沈有容传》《岛津袭来——1609 年庆长琉球之役始末》《克复安南——明成祖朱棣的惩越战争》等作品。

无形大象：原名王东辉，毕业于哈尔滨工业大学，著有《西游记——七大圣全传》《萨珊波斯四百年》《十字架与火焰——君士坦丁堡与泰西封的双重奏》《制霸中东——波斯拿破仑的土耳其战争》《江东小霸王孙策传》等作品。

郭晔旻：文史爱好者，在《国家人文历史》《世界军事》《紫禁城》《舰载武器》《军事史林》《环球军事》和澎湃网上发表过多篇文章。

《战争事典》小编微信号：zven02

扫描二维码，或搜索"zven02"关注"指文小编－DD"，即可获悉《战争事典》最新动态，更有历史小段子、小知识放送。您还可直接和小编线上交流，不管是讨论选题、投稿，还是咨询进度都可以哒。

·关注有礼，扫码便赠《现代奥运会趣事》《帝国骑士：27 位二战德国最高战功勋章获得者图传》《东南亚空战 1945—1975：详解从肯尼迪到尼克松时代的越南战争》电子读物各一份。

·每个关注小编的 id 可享有一次 5 折购买《战争事典》系列图书的机会（淘宝），不限数量。

"战争事典"系列书目参考

英国历史学家莱恩–普尔的代表作

以摩尔人为主线，展现了西班牙中世纪历史的宏大
以及活跃在地中海的巴巴里海盗群体的兴衰

英法百年战争 1415—1453

ENGLAND

英法百年战争
1415—1453

THE HUNDRED YEARS WAR
BETWEEN

[上卷]

王一峰 著

FRAN

英法两国争夺欧洲大陆霸主的入场券

近400张图片及战时手绘地图，全面展示了百年战争中英王亨利五世、圣女贞德等一批杰出人物的功业与光辉事迹，细致勾勒了法兰西王国新君主体系建立的关键走向与曲折过程！

吾乃常山
赵子龙也!

古来冲阵扶危主,只有常山赵子龙。
浑身是胆、浑身是智、浑身是义。
流传了1800年的豪气云天的传奇人生故事。

条分缕析!详细考证《三国志》中的赵云。
旁征博引!深入解读《三国演义》中的赵云。
图文并茂!展现评书、京剧、影视、游戏、漫
画中的赵云形象。

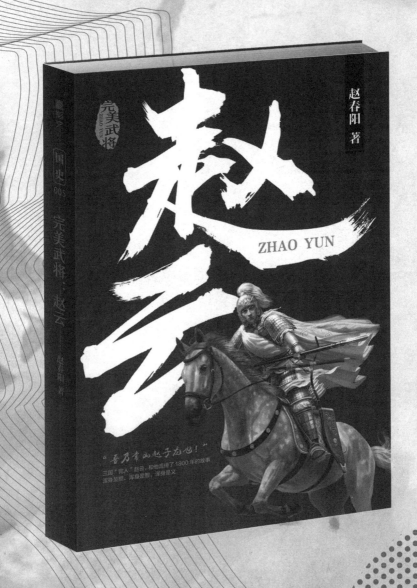